なでしこと君に呼ばれて

梅木信子

海鳥社

昭和17年6月4日、夫・靖之の出征記念に神戸の菊水館で撮影

なでしこと君に呼ばれて◉目　次

第一章　私の生い立ち……9
読書とスポーツが救い　10
女学校への進学　14
看護婦への夢と挫折　28
七人の兄弟姉妹　31
第二章　運命の人、哀しみの賦……35
運命の人　36
開戦、そして出征　39
夫からの手紙　47
再会、そして最後の手紙　68
夫の死　81
第三章　ポツダム医者……87
海軍葬、佐世保鎮守府　88
遺影と結婚式　―　上京　91
昭和十九年十月二十日　95

女子医専入学　97
昭和二十年　100
亡き人へ　104
八月十五日　敗戦　110
再び山梨県豊村へ　112
アルバイト　116
堤千代女史　118
母と私の発病　119
インターン　121
聖隷病院　124
信州大学　130
三神内科　132
博士号取得、開業医へ　135
老人の国、日本　138
医者とお金　147
助けられなかった人々　153
五十回忌、洋上慰霊　158

第四章　夢に生き、夢に死す……167
空中遊泳　168
亡き人の夢　174
生きている　188
亡き人の親友、原田氏への手紙　197
第五章　日々断章……201
戦争未亡人　202
朝鮮の人　208
また人殺しが起きないかしら　211
暴力団　213
猫のはなし　216
四百字の思い出つれづれ　237
梅木さんの志と一途さ――刊行に寄せて　原　潔　245
あとがき　249

第一章　私の生いたち

読書とスポーツが救い

私はとても変わった環境で育った。今はなんと呼ばれているか知らないが、昔は感化院といって、刑務所、少年院その下のランク、すなわち小学生の年齢で、盗みや万引き、致傷、強姦（なんと小学生でもあったそうです）などの罪で捕えられた子供の収容・矯正施設があった。父はそこの教員をしていたのだ。

このような施設は、すべて人里離れたところにあるのは当然で、私の育った土山学園も一里四方に人家はなく、大きな溜池や松林、草原に囲まれて、大自然といえば聞こえはよいのだが、ともかく普通の人間社会とは隔絶した空間だった。

百人あまりの収容児は、一号舎から十号舎まで、十軒あまりの家に十人くらいずつ収容され、教員夫妻とその子供と一体となり擬似家族を作って住む、という形式。子供たちは、午前中は園の中の小学校で学び、午後は広大な農園や印刷工場で実習、おそらく矯正のための労働教育だったんだろう。

教員の子供たちは遠く一里半もある村の小学校へ通う。そこはまったくの農村だったのでほとんどは百姓の子であった。インテリである教員の子供とは言葉、服装すべてが違う。そして成績は当然上位を占めてしまう。そこで軋轢《あつれき》が生じるのは当然だったろう。化学肥料などない時代で、園では時々国道に落ちた牛糞や馬糞を拾って歩き、農場で使っていた。それで「感化院のババ拾い」と地元の子供たちは、私たちに底意地の悪い罵声を浴びせた。幼い心はどんなに傷ついた事だろう。妬みと羨望と軽蔑がないまじった彼らの仕打ち。私の人との接触を恐れ、孤独を好むような性格は、こうして培われたのかもしれない。

読書とスポーツ、これが私の救いだった。一里半もの暢気《のんき》な通学路は畦道《あぜみち》と草原ばかり、本を読みながら(二宮金次郎みたい)、時々は草道に座り込んで「早く帰れ」とお百姓さんにつつかれたりした。幼児誘拐の危険などとは縁遠い平和な時代だった。

『小学生全集』(興文社)の赤から青へ、そして今度は『世界文学全集』(新潮社)へと読み進み、六年生の頃には倉田百三の『出家とその弟子』など、父の書庫から引っぱり出して叱られたくらいである。

スポーツは、その頃全盛のバスケットボール、ドッヂボールをやっていた。もちろん私はキャプテンで、郡の大会などへはトラックで出撃し、優勝した事もたびたびである。小野田先生という大男の有名な先生に眼をかけられ、三年生の頃には級の重鎮であり、もはや、私へのいじめは消失していた。

勉強の方は、てんでやらなかったが、いつも副級長だった。お化けのように頭のよい大百姓の一家があり、不思議にその家の子と我が家の子とはそれぞれが同級で、そして彼らが級長、私たちは全員副級長。変な巡り合わせと今でも思う。

小学生の頃、姉が京都の遊学先で結核に感染。それも粟粒結核《ぞくりゅうけっかく》というとても悪質な型の病を背負いこんで帰宅療養していた。姉は素晴らしい美人で、鏡に向かえばいつまでも自分にみとれていた。

病気とはいえ生来陽気で楽しい人だった。しかし父は、姉を蛇蝎《だかつ》のように否み嫌い、病菌を持ち込んだ悪魔と罵り、近くへ寄せつけなかった。そんな父に反発して私はわざわざ姉に近づいていた。この父、これがプロテスタントの一派、バプテストというキリスト教徒の姿である。

母は無口、控え目、祈りに徹し、右手のしたことを左手に知らせないほどの本当に真摯なクリスチャンだった。母の革表紙の文語体の聖書は手垢と赤い線で読めないくらいである。看護婦と助産婦の資格をもち、子供たちの世話以外に医務室での医師の助手、女先生たちの出産、時には村人から頼まれて出向いての出産・育児指導と、山ほどの仕事をこなし、そしてあまり働かず口ばかりが達者な父にひたすら仕えていた。

私は、母を尊敬はしていたものの、その生き方にはイライラさせられ、クリスチャンというものにはややばやと疑問をもち始めていた。

父は肉体労働を好まず、いつもいつも奥の八畳でウツラウツラ、横臥《おうが》していた。十号舎時代、午後の農作業にいつも母が出ていたので、時の園長から再三呼び出され注意を受けていた。後年、私は医者となり、特に精神科医として麻薬中毒者など扱うようになった時、ふと頭をよぎったのは、父はアヘンをやっていたのでないかという疑いである。

父は台湾に近い澎湖《ほうこ》諸島で兵役時代を過ごしている。当時、中国・台湾には麻薬が蔓延していたから、アヘンの知識は当然あったはずである。

我が家の庭には年々種々のケシの花が大量に栽培され美しかった。その花の終わったあと、小さな青い漏斗《ろうと》状の実が育ち、傷つけると白い乳液が出た。それの固まったものがアヘンなのである。

日本ではまだ麻薬など誰も知らなかった時代である。父にはその知識があったのでないかと、いまだに疑われてならない。

ちなみに現代では、春先にきれいなケシの花など咲いていようものなら、自転車でそればかり見回るおまわりさんがいて「引っこ抜いてください」と注意される。各交番にはケシの花の絵がその時期必ず貼り出されている。

女学校への進学

超多忙な母、そして病床の姉、収容された十人の子供たちの世話、それは小さな私の肩へかかっていた。とても役立つ子だったんだろう。小学校を終えると女学校でなく高等小学校へ進ませ家事を手伝わせる、これが父母の考えだったらしい。私にとっては屈辱的な途《みち》だった。私は泣いて怒って、勝手に願書を取り寄せ、勝手に試験を受けさっさと合格してしまった。

父母にとっては想定外の私の行動、その代償は大きかった。制服も革靴も体操着も買ってもらえず、それでも母と姉とが必死で縫ってくれた木綿のセーラー服（本物は羅《ら》紗《しゃ》である）、ズックの靴で、赤いリボンだけはちゃんとつけて、上を向いて歩く誇り高い女の子だった。

私は本当によい子だったと思う。どんなにみじめな格好をしていようと、明るく活発で友達からは好かれた。

入学してすぐ、一年一組の私たちのクラスで、時計だの財布だのがなくなる事件が起きた。間もなくそれは、黒田というとてもお金持ちの家の子の仕業で、継母に対する腹いせだかコンプレックスだかが動機だと聞いた。

ずっと後年、卒業後である。何かの拍子にこの話が出た。当時担任だった関先生が笑いながら「渡辺さん、貴女が一番疑われていたのよ」と言った。この一言で受けたショック‼　あんなに愛していた母校ときれいサッパリ縁を切ろうと、唇を噛みながら決心した私だった。

手製の木綿のセーラー服と体操着、みんなのは繻子《しゅす》でひだがあった。私はひだのないピタリと身についたパンツ（現代はすべてこの型、先見の明あり）。水彩用具が買ってもらえなくていつも借り歩いていた、授業料は遅れがち、職員会議で真っ先に名が出たのは当然かも分からない。

授業料、毎月五日に納めなければならない五円！　本当につらかった。父は絶対くれないのだ。「忘れました」と、分かり切った嘘と言い訳。どんなに恥ずかしかったか！ ついに耐え兼ねた小さな兄が「守銭奴」と父に吐きかけた言葉は、まさにその通りだった。

父は高価な写真機に凝ったり、自分のお洒落にはいくら遣っても、家族のためには出し惜んだのだ。もちろん兄は張り倒されて、何日も頬っぺたが腫れていたっけ。

でもこの事件のお蔭で、以後はスムースに五円がいただけるようになり、兄には大感謝だった。母のアルバイト収入があったので、父は勝手気儘《きまま》な生活をしていたんだと思う。そのことがあり、私は、男女平等とかいって女が働いて収入を得る事は、家庭の崩壊につながると未だに思えてならない。

姉がやや小康状態になった時、今度は母が結核性関節炎となり、両膝切断という危機がきた。姉の菌に感染していたんだろう。母はこの手術を拒否し、信仰と安静と豆乳で対処した。約一年間、母は横臥し、枕元で指示を受けた小さな女の子が家の切り盛りをしていた。

家では鶏を飼っていたのだが、ある時、卵がたくさんあったので、砂糖、蜂蜜をメッチャはりこんで、ホットケーキを作り食べさせたことがある。一口ほうばった母、涙をこぼして笑い出したのだ。なんと小麦粉とみがき粉を間違えたのだ（やっぱり子供）。

また、郡の大学芸会で「三人娘」という日本舞踊を踊ったことがある。酒造家の娘と例の大百姓の娘と私。振り袖など我が家にあるはずもなく、紫の銘仙《めいせん》が関の山で、先生が大あわてでどこからか縮緬《ちりめん》の振り袖を借りてきて着せてくださった。

無事踊り終えて昼食に向かった時、小さな力のない手で握ったおむすびが、すっかりこわれて真っ平になっているのを見て、恥ずかしくて一口も食べられず腹ペコで帰宅したのを覚えている。

何度も書くが私は本当によい子だったと思う。

女学校では不思議に先生方に可愛がられた。まず体操で目立ち、音楽で秀で、音楽と体操の先生が私のとり合いっこをなさったことがあった。音楽の小木曽先生はお父様が外交官、東京音楽大学の出身で、加古川なんていう田舎の女学校にはもったいない方だった。なんでも失恋の末、都落ちなさったのだとか。ずっと後年、東京に住むことになり、杉並にあったお宅を訪れ、あまりにも立派なお宅で驚いた。

教室に入ってこられるなり黒板へ向かい、サッサッサとおたまじゃくしを書かれる。そして終わるや否やパッと正面を向いて、「歌える人手を挙げて！」。一番に挙げたのは私、譜《ふ》を読むのが早かったんだ。こうして小さな可愛いい歌を数え切れないくらい教わって楽しかった。

その先生が体操の山本先生へ「ピアノをやらせたいからバスケットをやめさせてください」と申し入れなさったのだ。バスケットは手が固くなって駄目なんだとか。しかし、私はなんとバスケットを選んでしまった。そして音楽は声楽をやることになった。それもソプラノ。

ソプラノには山口富枝さんという肺活量が四〇〇〇もありそうな大柄な美人がいて、私はとてもトップになれそうもない。私はひそかにアルトへ替わるチャンスを狙っていた。ついにきた。「花」という有名な歌の二重唱試験。アルトが一人足りなくなった時。「あら、渡辺さん、そんなに好きならはい、アルト歌って」

すると、「まあ、いいアルトだわ、これからはそこにいなさい」と、公認されたのだった。以来アルトのトップとしてソロを歌ったり、四重唱に出していただいたり、「流浪の民」のソロでは「連れ立ちて舞い遊ぶ」だけのため一カ月以上居残り練習させられた。音域がとても広かったというわけ。

でも自惚れの結果、ひどいミスをやらかした。晴れの音楽会での四重唱、私のソロから始まるのだが、先生が信用してピアノで音を出してくださらなかった。すっかり上ってしまった私は、音域をはずし、二、三音高く出てしまったのだ。お蔭でソプラノの富枝さんはさすがにハイソプラノは出せなくて歌えなくなり、楽屋へ戻るなり、「信ちゃんひどい！」と言って、ワァワァ泣き出してしまった。いまだに申し訳ないことをしたと思っている。

歌といえば、お箸が転んでも笑う十五、六歳の乙女たち。真剣に歌っている「流浪の民」にある歌詞、「なれし故郷を放たれて」の部分が、「洟垂《はな》れて」となってしまい、そこへくるとみんな声を揃えて笑うので、ひどく叱られたのを思い出す。

またあの有名な「花」の中の「錦織りなす長堤《ちょうてい》に」という「長堤」を長い間、「朝廷」と間違え覚え込んでいたのを我ながら感心する。「源氏物語」、「百人一首」の華やかな宮廷生活に魅せられていたんだ。

高等女学校時代（昭和11年）

さて、今度は運動の話。
入学当初から目立ってしまったのは、全校で行う十里遠足だ。三木城までの往復十里を全校生六百名が歩くのである。播但線《ばんたんせん》という小さな鉄道があり、ギブアップした人はそれで帰校できる。折悪しくみぞれとなりビショ濡れ、大半が挫折し中途下校、全校生で歩き通したのは三十名も満たなかった。一年生百五十名中では、なんと私一人だったのだ。

下級生など滅多に書かせていただけない校友会雑誌に、一年の分際で感想文を出させていただいた感激は今も忘れない。しかし翌日から高熱で寝込んでしまい、父が学校へ怒鳴り込んだのには心底閉口した。平素は無関心なのに、私たち子供が表彰されたり優等証をもらったりする時には、顔を出したがった父、本当に嫌だった。

そして二年になった時はバスケットの正選手、名フォワードとして対校試合にも出場。対校試合の一番大きな東播《とうばん》地区大会で、明石師範のずっと年上のお姉さんたちを破って優勝した時には、芝生で胴上げされてしまった。私のフリースローが二つとも入ったのが勝利を決めたのである。英語の佐伯《ブータン》先生など、嬉しさのあまり全員に天丼をおごってくださった。でも次の年はメチャメチャ負けてトイレで大泣きしたっけ。スポーツとはそんなもの。

もう一つ、やはり二年の時、全校五キロマラソンで私が一位。でも恒例の革カバンはいただけなかった(「神戸新聞」に名前が出た)。級全体が全校一位となり、受け持ちだった数学の鈴木先生など謹厳な方なのに、抱き上げて祝福してくださった。数学の点もたしか上っただろう。

こうしてチビでブスの私もすっかり有名になり、下駄箱はいつも同級生や下級生の手紙やらプレゼントであふれ幸せだった。ある時など加古川中学の男の子が四、五人私の下校についてきたことがある。中学まで名が知れていたということ。だって兄弟姉妹ゴチャゴチャの田舎だもの。

母が玄関先で「あの子たち一体どうしたの？」と口あんぐり。私は男の子なんて全然興味なし、セックスなんて無知もいいところ。クラスきっての美人の三木好子さんが誰かさんとキスしたという噂で全校が騒然とした時、「もちろん、きっと赤ちゃんが生まれるわ」と本当に信じるくらいの女の子だった。

バスケットボールの東播地区大会で優勝した２年生のころ。後列右から３番目が著者

ちなみに父は、我が家にあるあらゆる辞書から「セックス」の欄を切り取っていたのである。どうお思いになりますか？

もう一つ、とても大切なのは水泳の話。加古川に海はない。だから高砂までトロッコ電車でコトコトと運ばれての水泳授業。私は一年生でサッサと一級合格で、学校でも困ったんだろう、急遽修了級というのを作り形式張ろうとした。それは和船を漕ぐのと高台からの飛び込みである。

和船はとても難しかった。櫓《ろ》をつなぐ綱をピンと張ってないと、フニャフニャと全然力が通わない。でもこれもマスターしてついに二年生で修了級となり、四年生のお姉さんの班長、模範クロールや模範飛び込みで引っぱりダコ。最高に楽しかった。

どうしてこんな河童になったのか。これには訳がある。人跡未踏とまではゆかないが、人里離れた学園の近くにはたくさんの溜池があり、中でも擂鉢池《すりばちいけ》と称されたその名通り擂鉢型の池など放り込まれたら最後、泳がねば溺れるほかない。こんな習練の場があったのだ。幼い時から兄たちに手荒く仕込まれたこの泳ぎが、見事花開いたということである。

三年生になった時、姉の結核が再発し重病化したため今度は入院となった。家と学校の中間にあった村の赤ヒゲ先生の病院、父母は私を付き添わせたのである。

当時の病院での生活は、自炊で洗濯、買物すべて自前である。同じ釜の飯、同じ鍋の食事、同じ蚊帳で眠り、そして二里の道を自転車通学。約半年間のこの生活、若かったからできたんだろう。

後年、医者になってから、保存してあった姉の喀痰のプレパラートを顕微鏡で見て、細長く赤く染った結核菌がガフキー10号（菌が最多で一視野で数え切れない）であったのを知り、ほんとに愕然とした。おそらくツベルクリンは強陽性化したろうし、私が罹患発病しなかったのは、全く奇蹟としか言いようがない。

そして父母の心を考えざるを得なかった。白絹のような十五歳の女の子を、重い肺病の姉に半年も付き添わせた父母、私は一体誰なんだろう。私はほんとに渡辺の家の子だろうか。姉と妹は素晴らしい美人、妹など高峰三枝子をしのぐほど美しかった。兄も弟も、人よりは整った顔立ち、父が美男子で、ちょっと朝鮮系だが背も高く、後年、戦争最中は山陽本線車中、何回も不逞鮮人《ふていせんじん》と疑われ誰何《すいか》を受けている（朝鮮の人ってちょっときれいでしょ）。

私は違う、全然違う、母にも似ていない。そして幼い頃からの私への対応……。聞くのは恐ろしかったが、深く深く疑い、傷つき、そしてそれはいまでも解決されていない。悲しいが本当の話だ。

体操と音楽はまず最高点をいただいたが、ほかにも不思議なのは公民である。なぜだかいつもいつも十点がいただけた。チンクシャと渾名《あだな》された先生はいつも「六法全書」を手にされて、「渡辺君は法曹界を目指しなさい。君に合っていると思う」と再三すすめられた。いつも正しい事に固執する性格を見てらしたのだろうか。その言葉が頭に残っていて、いまでも「法曹」と聞くとなつかしい思いがする。国語、これはもう得意中の得意で、幼時からの読書癖が幸いして、何でも分かってる気がしてノートを取らないものだから、終始注意を受けた。「渡辺さんノートをとりなさい」。そしていつも十点だった。

歴史も同じ。弓削道鏡《ゆげの》が孝謙天皇の愛人だったとか、現代の皇室は北朝の末裔だとか口走るもので、先生からいつも黙れ、と叱られた。でも十点だった。

地理では面白い事があった。田中先生が何のはずみか、かいつぶりの話をなさり、その卵を欲しがってらっしゃるのが分かった。学園から土山駅までの一里程の途中には、いくつもの池があり常に鳰鳥《におどり》（かいつぶり）が仲よく泳いでいたのである。六月末、私は無謀にも、その一つに飛び込んで浮草の中の巣から数個の卵をとり、先生に進呈したのだ。水草は思いのほか茂って手足にからみつき、ちょっと危険だった。雀の卵よりはちょっと大き目で、マダラの模様があった。とても喜ばれて嬉しかった。

英語は、もう話にならないくらい可愛がられて、冗談のようによく「養女にならないか」と言われていた。先生にはお子がなかったのである。もちろん父が手放すはずもなく、先生が四国の中学へ転任された時はちょっと泣いたっけ。なつかしいブータン先生！

数学は不得手だった。きっと頭が悪いんだと決め込んであきらめきっていた。図画は、水彩用具を買ってもらえなかったためでもないが、ぜんぜん下手で、大西君枝さんという同級生がいつも代わりに描いてくれて提出。私はその代わりに書の方を受け持ってあげた。書道にはちょっと自信があったのである。大西さんは「信ちゃんが男だったら、私お嫁にゆくのに」といってくれたほど、私を好いてくれた友だった。カラクリがバレていたのかどうか、図画は最後まで六点しかもらえなかった。

後年、私のいとしい人が出征先から歌と画を書いて送ってくれ、と言ってきた時は、ほんとに悲しかった。今でも死ぬまでに一枚でもいい、描きたいな、と思っている。

さあ、一番大切な裁縫の話。

話は後戻りするが、入学試験に裁縫があったのである。運針布《うんしんふ》持参で、「五十センチの半返し」というのが課題。何事かさえ分からず一メートルをサッと縫って、五十センチをサッと逆送。パッと提出してしまった。みんなゴソゴソまだ縫っている。何やってんだろうと、首をひねっただけ。

おそらく受験生で半返しを知らず一メートルを縫って、五十センチ縫い返したのは私一人だったろう。お蔭で名前を覚えられ、一、二年通して六点。最下点だった。妹と喧嘩するたび、「裁縫六点、サイホー六点」と叫ばれるので、ご近所でも有名になってしまった。

たまりかねた母が、二年の夏休みに村のお針子塾へ通わせたのである。農閑期の娘たちを集めて縫物全般を教える所である。例の大百姓の一番上のお姉さんが、股関節脱臼で足が不自由なのでこんな塾を開いてらしたのだ。もちろん、私たちは楽しく遊び廻った。裏の西瓜畑で甘い甘いのをポーンと割って舌鼓《したづつみ》を打ったり、マクワ瓜にかぶりついたり、そして宿題の難しい「瓜先」なんていうのは、お師匠さんが縫ってくださった。このことを日記に書いたり、例の上等の宿題を提出したところ、関先生、感激なさったんだろう。ようやく八点になった。

後述するが、卒業して就職に失敗。補習科（五年生）へ戻ったとき、まさに徹底的に裁縫を仕込まれ、紋服、袴とプロ級の仕立屋さんになって、ご近所のものまで引き受け、一日一枚袷わせを縫える娘と有名になった。裁縫六点の女の子のみごとな変身である。

幸せの時は過ぎるのが早い。ついに四年最上級となったが、相変わらず勉強しなかった。なのに一階級におれたのは、学校代表の選手ということで先生方が甘かったのかも分からない。

そもそも勉強しなかったのには理由がある。日赤看護婦になることが、幼い頃からの唯一の夢だった。日清、日露の戦争を経て富国強兵の真最中、姫路の第五師団では春秋二回の大演習、天皇も時にはいらっしゃった。元気ではち切れそうなカーキ色の軍服に混じって紺の制服も凛々しく、担架で走り回る看護婦さんたち。憧れるのは当然だっただろう。そして二・二六事件、五・一五事件と日本中が軍隊色一色に染まりつつあった。その証拠でもないが、私たち四年生は全員師団に赴き、実弾射撃訓練を受けた。重い三八銃を各自渡され、よく見ると白い紙切れがぶら下っていて、少し右側五センチを狙え、とか少し下三センチを狙えとか書かれている。なんの事はない、全部少しではあるが照準が狂っているということにちょっと驚いた。こんなことで敵が撃てるんだろうか？

3年生のころ、友人たちと。前列中央が著者

でも見上げるような高い道坂を銃をもってソロソロ歩いたり、高い板塀をスクラム組んで乗り越えたり、厳しい訓練を眼の当たりにして、身心ともに引き締まった私たちだった。でも勇ましいことばかりでもない。

良妻賢母が目標の我が校では卒業祝いも兼ねてか、三宮の一流ホテルでフルコースの洋食をいただくというマナー授業もあった。戦前の教育は本当によかったとつくづく思う。

看護婦への夢と挫折

さて「蛍の光」に送られ、「仰げば尊し」に涙しつつ、いよいよ卒業である。もちろん、姫路の日本赤十字社へまっしぐら。もの凄い応募者で、まず門前に並んで両手を差し出す。婦長さんは、霜焼けでふっくらした私の小さな手をポンと叩いて「ハイ外へ」。なんと身体検査場へも入れてもらえなかった。「なんでもかんでも信ちゃんと一緒に」とついてきた私の崇拝者だった山本さかゑさんは、ちゃんと合格、泣いても泣いても泣き切れなかった。この友は中支戦線で戦病死、靖国神社へ祀られている。羨ましい‼

私は医者になってからさえ日赤が恋しく、「ああ、私を採っていたらきっと、総婦長にでもなって青くさい医者どもなんかを叱り飛ばしていたろうに、なんて日赤は馬鹿だったんだろう」と思ったものである。

途方に暮れた私に、校長先生が救いの手を述べてくださった。日本紡績という大きな工場への就職だった。音楽の才ありと見られたのか、今でいうディスクジョッキーのような仕事を与えられた。ちょっとしたおしゃべりで、休憩時間に音楽を流す、とても楽しい仕事だった。それなのにある日大ポカをやってしまった。ラジオなど普及してない時代、工場のお昼のサイレンは十里四方の人々が正しく時計を合わせる唯一の手段だった。「トントントンボーン」。それをやるのが私の大切な仕事だった。それをある日すっかり忘れてしまったのである。アチコチからの抗議の電話が殺到し、工場長も庶務課長もカンカン。私はもうワァワァ泣いて、クビになる前に工場を飛び出し二度と戻らなかった。

またもや途方にくれた私は、いたし方なく補習科（五年生）へ入った。そこはもはや花嫁修業の修練場で、行儀作法、料理、琴、そして裁縫たるや紋服はおろか袴や男物まで、中には自分の花嫁衣裳を縫っている人もいた。お蔭で私もプロ級に近くご近所の紋服まで頼まれる腕前になった。

その教室では別に義務づけではないが、小学校教員の免許を取る途《みち》が開かれていた。私ももちろんそれに参加して、大阪府と兵庫県の正教員の資格を取得した。近くの小学校へ教習に行き、五年生の子らを教えているうちに、とても楽しくなってしまい、「先生になってもいいなあ」と思うようになってしまった。という訳で、その補習科を出た翌年は、平野という明石の奥にある小学校で教鞭をとっていたのである。わずかの期間だったと思う。

その頃父は園長に昇進していた。老齢で引退された池田先生の後を引き継いだのである。父は好男子で弁舌さわやか（口から生れた人）。三千人もの聴衆でも泣かせるほど。でも言う事と行う事とは全く別だったので、あるお祝いの席、妹と二人で大きな軸に「不言実行」と書し、献上して大目玉を食った事がある。外面がよいので、女先生たちに人気があって選挙で選ばれたんだと思う。母の存在も影響したかも分からない。とても役立つ人だったから。

さて、時局はいよいよ切迫し、大政翼賛会なるものもでき、当然、父は支部長になる。神社参拝などは最重要行事。

小学校時代、クリスチャンなるが故に神社参拝は父から禁止され、いつも門の外で忌中の子らと立っていた私。卒業記念のお伊勢参りさえ参加させてもらえず、級で一番貧乏だった子と二人でお留守番だった。オポチョニスト（日和見主義）という言葉はずっと後年知ったのだが、父は本当に見事なオポチョニストだったと思う。

大きな神棚さえ買ってきて茶の間にどんと据え、ポンポンと柏手を打って「アーメン」と言った父。妹と二人で「和洋折衷、あんまりだわ」と叫んだものだった。

七人の兄弟姉妹

こうして私の幼年、少女の時代は終りをつげたと思う。最後に七人もいた兄弟姉妹にちょっと触れておこう。

長兄は大分中学から三高を受験し、失敗して小学校教員となった。神戸市で勤務後、渡満し旅順で校長、同僚の梅木満喜枝と結婚、三児をもうけている。もの凄い皮肉屋で口が悪く、私が小学五年の頃「こんな不器量じゃ絶対嫁にゆけないよ」と断言され、生涯その時のショックから立ち直れなかった。すなわち自分はブスと心底思い込んでしまったのである。

敗戦で引き揚げの途次《とじ》、二男を亡くし、日本の土を踏ませたいばかりに遺骨を食べた、という兄。変り者だった。

この兄には若い時、夢中遊行症があった。真夜中ムクリと起き上るとトコトコ歩き出し、時には雨戸まで開け庭先まで散歩する。私たちは面白がってついて歩く。最後は冷たいお風呂へドブン。それで目が覚める。珍しい病気。

何回も書いたが、姉は結核で長い闘病の末、三十三歳で死亡。父の懸念通り、母、兄弟、私すべてに感染させて世を去った。次兄はお人好しを絵に書いたような人物。大分師範時代にバルビツールとかの睡眠剤中毒となり一年休学している。バイオリン好きで年中キーキーと鳴らしたせいで、私は大のバイオリン嫌いとなって、どんな名曲をどんな名人が奏しようと、ついに好きになれなかった(ツィゴイネルワイゼンさえ)。

小さい兄、この兄とはくっついて育った。魚釣り、木登り、兵隊ごっこ、なんでも一緒で、今でもまぶたの上に兄の釣り針で釣られた傷がある。

弟は一歳下の甘えん坊。私の真似をして鶏小屋からコーモリ傘を拡げて飛び下り、腕を骨折して、そして私だけがこっぴどく叱られた。この弟は後年、私の運命を左右する役割をするが、本人は感づいていていない。

妹、百合子、この子の事を書き出したら一冊の本ができるだろう。母の四十二歳の時の児で、照宮様と同じ年に生まれたというので、まさに我が家の宮様みたいに大事にされた。成績が悪いと姉の教え方が悪いと私が叱られ、いじめられるとなぜ庇《かば》ってやれなかったかと私が叱られ、望むものはすべて与えられ、望む事はすべて叶えられ、わがまま娘の典型だった。その証拠に女学校は三回も転校。理由は先生に叱られたから嫌、友達とけんかしたから嫌、校則が厳しくて嫌。ついに近江の山奥のメンソレータムを作っているイギリス人の経営するミッションスクールへやっと入れてもらった。ここは遠くて寄宿生活だったから、逃げて帰れなかったんだ。美しい妹、高峰三枝子より美しいと言われて、小学校時代から男につきまとわれて、思えばかわいそうな妹であった。

私が女子医学専門学校へ入学、四畳半に二人、六畳に三人という仮小屋の寄宿舎で、生活苦と闘いながら苦しい勉強をしている最中、突然、大変な荷物とともに妹が上京してきた。神戸市でのご乱行がひどかったため、父と長兄から精神病院に入れられそうになり、母が必死で庇って私に押しつけてきたのだ。

上級生に気兼ねしながら、数日同じ床で寝てその間にアパートを探した。池袋に二部屋の素敵なアパートをみつけ、私も引っ越し、妹と二人暮らしとなった。なんの資格ももたない妹は、水商売しか仕事がなく、当時大流行のダンスホールへ勤め始めた。美人なのでいいお客もついて、相当な収入だった。けれど、衣裳や化粧などで出費も多く、母の送金で何とか暮らせた。

私は経営者の方にも会って、妹を監督していただけるよう懸命に頼み込んだ。そして本当に運がよかったのだ。イギリス人のロバート氏にすっかり見初められ、妻として迎えられたのだった。カメラの会社の日本支配人で、イギリスの人らしく謹厳で、そのくせユーモアのある穏やかな方だった。私はもう嬉しくて嬉しくて神様に思えた。妹の、あのわがままな性格では日本人との結婚は無理だったろう。花のような女の子と可愛い坊やも生まれて、どこかの大使館だったという大きな洋館に、女中さんもいる幸せな生活だった。しかし浪費家で家事は下手な妹だったので、ミスター・ロバートは終生苦労なさったと思う。しかし、子供を可愛がり、あの不出来な妹を心から愛してくださった。拝みたいくらいのお人であった。

母は私の女子医専卒業の日に結核で死亡した。ストレプトマイシンもパスも入手できなかった時代。妹のことだけを案じて、耳にタコのできるほど、「百合子を頼む、頼む」と最期の譫言《うわごと》までその一言に尽きた。私の重い重い十字架となった母の遺言である。できる限り妹の面倒を見たつもりである。子供たちが「アンティ《伯母ちゃん》は、パパの次に偉いの」といって私を愛慕《あいぼ》してくれたのが、私へのご褒美。

姉の病、弟の病、母の病、姉の死、母の死、そして妹の死、全部私が背負って対処してきた。また言うが、私は一体誰だろう。

父の事はあまり書きたくない。でも晩年ふと、「信子、お前には何一つ親らしい事をしてやらなかった、許してくれ」と一言聞いた事がある。

第二章　運命の人、哀しみの賦

運命の人

なでしこ

仇撃ちて還ると思ふな敷島の我が家に咲きしなでしこの花　靖之

なでしこの花よと我を呼びし君海中《わたなか》にひとり淋しからずや　信子

昭和十三年夏、私は生まれ変った、というより新しく生まれた。私は恋をしたのである。長兄の妻の弟、梅木靖之様、運命の人に出会ったのだ。

兼々お義姉様からも聞いていて、お会いできるのを心待ちにしていた。彼が神戸高等商船学校（中学生たちが最高に憧れた学校）へ入校して、我が家を訪ねてくださった。それは衝撃的な出会いだった。

私は一目で彼を愛し尊敬したし、彼もまた好意を持ってくれた。

文通が始まった。検閲こそないが、おっかない上級生徒の眼が光っている。だから手紙は簡潔で、誰に読まれてもよいような文面、それでも嬉しかった。

離れていてもお互いの生活を知りたい、週一度くらいの手紙のやりとりが生き甲斐となり、私はすっかり変わった。顔形まで美しくなったと言われた。会えることは滅多になかった。たまにあっても時間は短かった。

それだけに貴重な逢瀬、多くを語らずとも見つめ合うだけで至上の喜びを感じた二人。「男女七歳にして席を同じゅうせず」の時代、しかも相手は東の兵学校といわれた軍律厳しい商船学校生徒、街中には上級生の眼が光っている。私たちは六甲山の山中や淡路の山峡い、舞子や垂水の海沿いの小道をひたすら歩き、疲れると馬酔木《あせび》の木蔭や空木《うつぎ》の下に並んで座り、家族や家の事など語り合った。

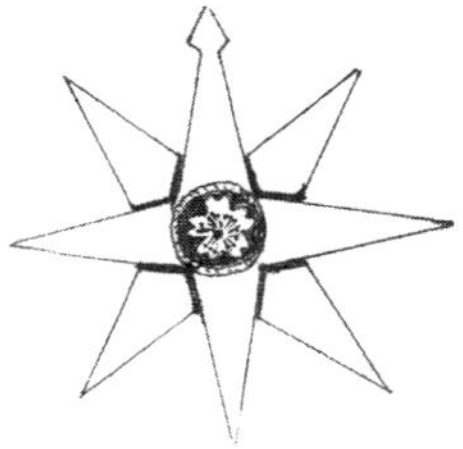
神戸高等商船学校の校章

私たちがあんなに瞬時に惹かれ合ったのは、不思議なほど似かよった境遇だったからかも分からない。彼にも結核療養中の兄があり、自由恋愛の末、幼児二人を連れて戻った奔放なお姉さんがいた。また、お母様はお父様とは年が離れていて、勝ち気でどちらかといえばわがまま自分勝手で、家もちが下手だと。そのため、農業組合の理事長をしている父はいつも苦労していると。七人の女姉妹、健康なただ一人の男子、皆から頼られ期待されるのはちょっと重荷だが、その分責任感をもって頑張れると。

彼の夢は、一人前の商船士官となれたら外国航路とかではなく、南平洋の捕鯨船に乗りたい（うんとお金が稼げた）、父母に加勢したい、という事だった。

私たちは強く明るく正しくをモットーとして、お金持ちでなくてもよい、楽しくて笑いの絶えない家庭を作ろうね、と誓い合った。彼は私の生い立ち、私の欠点、長所すべてを理解しはげまし力づけてくれた。私は生まれて初めて人に愛される事の喜びを知ったのだ。彼は全く私の王子様、私は女中みたいに育ったシンデレラ。彼のために生きることだけが目標となり生き甲斐となった。この幸せのうちに死んでしまいたいと何度考えたろう。

私たちは手を握り合ったことも、もちろん抱き合ったことも、唇を合わせるなんか論外。溝《みぞ》なんか飛び越える時、ちょっと手を支えられても百ボルトの電流が流れたようにふるえた私たち。幸せだった、本当に幸せだった。

中国の金言に、「男と女の真の堅固な結合は精神的交わりの中のみにある」とあったが、まさにそのままだったのだ。

不可測不安定の時代、その中で私は海軍軍人の妻として、しっかりと矜持《きょうじ》を持ち、彼にふさわしくありたいと、茶の湯、生花、琴、裁縫にと自分を高めるため夢中だった。私たちの望みとは裏腹に、時局は急速に進展し支那事変はもはや日中戦争の趣きとなり、軍靴の音は高まるばかり。ついに卒業短縮という事態になった。卒業と同時に結婚しようといった彼の言葉もふっとんでしまい、彼はアプレンティス（船の実習生）として横浜へ旅立ってしまった。

開戦、そして出征

そして昭和十六年十二月八日、開戦の日を迎えた。

彼はその時、最後の引揚船・龍田丸に乗船中で、シアトル出航後、太平洋のハワイ、ミッドウェー、アリューシャンの三角形のど真ん中、日付変更線の真上で開戦を知ったのだ。

もちろん、ハワイ奇襲のニュースも聞き、邦人を満載した龍田丸が報復を受ける恐れは充分だと、全員丸坊主となり死を覚悟したという。

しかし、天佑であろう、荒天となり敵機も飛べなかったので、運よく横浜へ辿り着いたのだ。滅多に物に動じない楽天家の彼が、鉛筆の走り書きで「横浜まで来て欲しい」といってきた時、強引に父母を説き伏せ横浜へ出向いた。その時の父母の対応は、菊名の知人を捜し出して宿泊先を決め、私の監督を依頼したのである。我が子を信じなかった父母、私たちの清らかな恥じない交際を全然分かっていないのだった。クリスチャンとはそれほど、罪と汚辱ばかりを見ているのだろうか、私は終生、父母とは分かり得なかったろうと思う。

引揚船の顚末を聞き、身近に迫ってきた危険な今後を話し合い、私たちは覚悟を新たにして励まし合って別れた。彼は「僕の誕生日が抹殺されたんだよ」と笑って言ったが、私にはとても不吉に聞こえて気になってしまった（十二月八日、日付変更線の真上にいたから）。

多忙となった彼からは、もう便りさえ滅多にもらえなかった。

真珠湾奇襲の大戦果は結局、日本には悪影響を与えたと思う。不意打ちだから勝つのは当り前なのに、勝利に酔った軍も国民もただ有頂天になって、兜の緒を締めず驕り高ぶってしまったのである。

南方戦線では、のぼせ上った陸軍が途方もなく野放図に版図を広げていた。フィリピン、シンガポール、タイ、ビルマ、みんな当時、植民地として白人の搾取に喘いでいた国々である。有色人種の日本が白人相手と互角に戦い、また、勝つのを見て喝采し、ある程度協力したと思う。ある軍人が「支那戦線とは違うのう」と述懐しておられたと聞く。

しかし、日本人は占領政策が下手だったようだ。判官びいきとか、強きをくじくとか、本来もっていた大和魂は消え失せ、傲岸不遜な、相手を見下す日本人、人心は次第に離れ抗日意識となってゆく。戦争末期のフィリピン、ビルマを見て当然と思わざるを得ない。

戦後、海軍の惨敗の原因は驕りの一言につきる、とある参謀が書かれていた。

開戦前、海軍は「英米とは戦えない、一年やそこいらは暴れて見せますが、長期になれば成算はない」と山本元帥自ら言明、開戦には不賛成だった。陸軍、ことに関東軍の暴走に引きずられ、止むを得ずの開戦だったのだ。

でもあの緒戦の戦果は、元帥でさえ、ひょっとしたら勝てるかもと思われたのかもしれない。それほど国民の熱狂ぶりは凄まじく、むしろ軍が鼓舞されたのかも分からない。熱しやすく醒めやすい、深謀遠慮の欠けた、この長所とも短所ともなる国民性。そして昭和十七年五月、彼は卒業となった。卒業式などなく、バラバラと実習を終えてくる生徒一人二人が、校長室で証書をいただく、そんな式だった。

ああ、運命は私たちになんとひどかったか！

私はその時、何と大分市の陸軍病院の衛生中隊にいたのだ。一つ違いの弟は召集されてすぐ結核性胸膜炎となり、陸軍病院へ入院、高熱続きの重態だった。そして、陸軍は家族に看護要請をしてきたのだ。便利重宝な信子さんは、当然その任に当たることになる。

ベッドとベッドの間に茣蓙《ござ》を敷き、薄い布団に軍隊毛布、食事は中隊食、二十四時間の看護。卒業した彼は病院には寄らず、急いで帰宅して結婚の許可を得ようとした。大分市と玖珠町は二時間ほどの距離。お父様はせっかく大分まで来てるんだから一度連れて来い、とおっしゃった。

一方、弟の病状は、はかばかしくなく急な除隊、療養所への転送命令が下ったのだ。担架を二人の衛生兵がかついで大分駅を発った。そのわずか一時間後、彼が衛門に立ったのだ。彼の心中を思い、死ぬほど泣いた私。

あの時もし玖珠を訪れていたら、優しいお父様だ、きっと仮祝言だけでも挙げてくださったかも分からない。私たちの運命もまた違ったものになっていただろう。独身者と妻帯者では、軍の対応も違っていたそうだから。そして考える間も息つく間もなく、召集の内命が来てしまった。

昭和十七年五月二十四日

愈々お別れの日が来ました。昨二十三日、

任官　五月二十四日

召集　六月五日頃　横須賀

との内命がありました。来るべき日の来た今日、唯心静かに出征の日を待ちます。

小生の予定は六月二日出発、三日神戸着、四日神戸発、五日横須賀着、出来得れば六月一日に発ちたいと思ってゐます。昨日、父に具体的な結婚の話をしてみました。父は貴女が大分に来ていた間に一度会って置きたかったと申し、急な帰国で会えなかった事を残念がっていました。

小生の希望、父の意志を語り合った結果、父は結婚に賛成し、入籍も希望とあれば何時にても入籍してくれるとの事でした。

今後の事は総て美津夫兄に頼んで出征します。貴女も今後は美津夫兄を僕と思って相談して下さい。入籍の事も折を見て頼むつもりですが、貴女の御両親に父より正式にお願いせねばならぬので、直ちにという訳にはゆかぬと思ひます。

日本の軍人として立派に御奉公して、武運あれば生きてお目にかかれましょうが、還り来ぬ身として征く小生の唯一の贈り物です。　靖之

この最後の言葉は長い長い間、その意味が分からなかった。ご自分の戦死をお考えになって、私の身を守ろう、軍人の遺族としての国の配慮に与らせようというお考えだったのだ。海軍葬の時に聞いた遺族の特典。その時初めて理解できた。

私はこんなにも深く愛されていた、ご自分の死後のことまで。そして私たちの信頼がほんとに確かなものだったので、私が二夫に見《まみ》えるような女でない事を信じ、「年老いし父母に孝養の程願上候」と何度も書いてよこされたのだった。

不幸にもその直観は的中して、私はお父様の最後を看護することになるのだが、その時、お父様が言ってくださったのは、「靖之は幸せ者だよ。靖之のお蔭で私まで信子さんに

看てもらえて」という有難いお言葉だった。私こそ、こんなに愛されて、これ以上の幸せ者があるだろうか。この感謝の思いをお父様へお伝えしたかった。

最愛の者よと我を呼びくれし人天地《あめつち》にただ一人なり

昭和十七年六月四日

大阪日赤へ帰校する妹、達枝様と一緒に我が家へ立寄った彼は、紺の軍服に短剣白手袋、紫の軍刀を手に満開の藤棚の下で挙手の礼をして、杉垣の間を歩み始めた足元は、心なし重かった。そっとうつむきかげんにあとを追う私。声もなく立ち続ける父と母。そよとも風のない初夏の午後だった。

三時四十分の汽車で三宮へ向かう。ちゃんと時間まで覚えている。数日間の歓送、送別の会で彼は疲れていた。その横顔をそっと見ながら、私はただ凍りついたようになって、ほとんど会話もなかった。口を開けばワッと泣き出しそうだった。

元町で降り、海洋会館へ寄ってから写真館へ向かう。彼が三人一緒に撮ろう、とおっしゃったのを、真中の人が不幸になるから駄目といって、二人ずつで撮った。ちょっと悲しい顔をなさった。後年、私が真中になっていたら、彼は不幸に見舞われなかったかも、と自分を責め続けた。

でもこの一枚、まるで結婚写真のようなこの一枚が、私たちの人生の全き象徴となったのだ。初めてで最後のこの一枚。彼は凛々しい軍服、私は紫の銘仙でつつましく背すじはピンと伸ばして、そして小さな手は膝の上で重ねられている。この柔らかい小さい手を彼はこよなくいとおしんで、「何て小さいの、何て柔らかいの」と不思議がったものだった。しかし、私はどう見ても不器量としかいえない。鼻は低いし、お口はとんがってるし、やっぱり長兄のいった通りだ。そしてこんな私を愛してくれた彼。私はこのこと一つでも感謝しなければ、応えねばと、いつもいつも思っていた。

妹さんを見送った私たちは、二人で食事をした。鯛茶漬け、ほとんどのどを通らなかった。以来、私は鯛茶漬けを食べていない。

三宮駅にはクラスの方が数名いらしたので、私はそっと片隅に立っていた。山本さんという方が同時召集で、その後もずっと行動を共にされた方だったが、無事復員されて後年お会いした時、「三宮で奥さんをお見かけしましたよ、覚えています、真青で悲しそうだった」とおっしゃった。

いまだ彷彿と浮かぶ出征の日の情景、三宮駅。六時三十分の急行で発たれた。張りつめていた糸が切れ、泣き死にするほど泣いた私。

夫からの手紙

（一）昭和十七年六月十日

四日お見送り有難う。五日、無事横鎮着、即日工機学校入校、約一ヶ月教習を受け配置決定され赴任致すことになりました。出発の時は時間なく、ゆっくり話も出来ず済みませんでした。故郷の父母の事を考へてお許し下さい。長時間会った所で今更何の女々しい事を申せませうや。覚悟は出来ているお互いです。姉さんの事、明和君の事、色々御心配もありませうが、強く強く生活なさらん事を希望します。いかに苦しい時でも明るさを失わず、強く正しく生きる事が私たち二人の生活の標語です。元気で元気でお暮らし下さる様お願ひします。必勝の赤文字の如く、きっときっと勝抜いてゆくつもりです。靖之は常に如何なる困難な所にても、強く明るく正しく御奉公に専心しているものと思って下さい。

これが海軍へ入られての第一報であった。一方の私は食事もできぬほど、不安と心配に打のめされ、悲しい手紙を書き送ったと思う。叱責されてしまった。

（二）昭和十七年六月十七日

御手紙拝見しました。如何お暮らしの事か案じていました。小生、故郷を出る時、凡人ながら相応の覚悟はして出たつもりです。何を考へ何を懐ふも、所詮は人を苦しめ躬《みずか》らを悩ますだけです。戦に臨む男の単純さを無情さを責めてはいけません。残る人の気持は分かり過ぎる程分かっています。その気持を越えての単純さなる事を知って欲しい。願はくば、定まりたる御決心にて更に更に強くなられん事を。

苦しい事はお互いです。妻と呼び得なかった人に希望をなくせと云はねばならない……もう何も書かず唯々元気でお暮らし下さる様お願いしてやめませう。お便り出来るのも工機学校に居る間だけだと思ひます。ひまの時には日常の事だけでもお便りします。貴女もお手紙下さる様、何も書いてなくても構いません、元気でくらしている、それだけでもどんなに僕を力づけてくれているかもしれないのです。

（三）昭和十七年六月二十日

叱られても嬉しかった。私はまだ必要とされている、存在価値があるのだ。離れていても会えなくても、心と心が結びついていれば、愛があればいい。

初夏の候となりました。朝夕のすがすがしい風、緑の中に明けゆく朝景色、蛙の声の賑やかな中にも哀調のこもった夕暮れ……懐かしい故郷の事を未練がましく思ひ出させます。生死を超越せねばならない時だのに、土山の池や青々とした草原、涼しい松林、懐かしい人の事、切々と思ひ出しては未練がましい心になります。やがては総てを忘れて全生命力で戦ふ日が来ます。靖之は立派な恥づかしくない働きをしてお眼にかけます。この点、御心配なく。

日常生活には何一つ不自由しませんので、心配せんで下さい。お便り頂けることが一番嬉しいのです。強いて望めば、絵や歌を書いて下されば幸ひと思います。

あとの事は顧みない決心ですが、生命ある人間としての感情は、理性で考へる程、中々簡単には割り切れません。どうぞいつも元気でおくらし下さる様、切に切にお願いします。

靖之

(四) 昭和十七年七月一日

六月卒業となり第一線に配置されます。お手紙、当分の間、小生宛名決定する迄待って下さい。

ときは木の変はる事なき緑こそ征でゆく我の心とぞ知れ
仇撃ちて還ると思ふな敷島の我が家に咲きしなでしこの花　靖之

（五）昭和十七年七月三日

配置決定。戦艦長門に乗組む事になり、十日前後任地に行く予定。

ああ！　大きな喜び、たとえようもない嬉しさ。日本一の戦艦にお乗りになる！

ときは木の変はることなき緑もて君に捧げむわが真心ぞ　信子

再会。昭和十七年七月十一日、十二日、長門へ。

玄関の白い靴、離れからただよう煙草の香り、見上げると短剣。

夢のような半日、軍人らしくなられて近寄り難いものを感じさせた。

池のほとり、小さな滝の音を聞きながら松風に吹かれた二時間。子供のように小魚を追ってたわむれた二人。涼風の中で眺めた私たちのアルバム。

（六）昭和十七年八月二日

盛夏の候、貴女様始め皆様、お変りなき事と存じ候。小生、以後益々元気にて軍務に精励致し居りますれば、御安心被下度。向暑の砌《みぎり》、呉々も御体大切に、御自愛の程願上候。　敬具

（七）昭和十七年八月六日

暑中御見舞申上候。貴女様にはその后、お変りなきや。盛夏の候なれば案じ居り候。小生その后、益々元気にて軍務に精励《せいれい》し居れば御安心被下度。毎日多忙に御座候へば失礼の事もお許し被下度。御自愛専一の程願上候。

私の身体をとても心配してくださる、本当に申し訳ない。姉や弟の事からして私もおそらく虚弱な腺病質な体質だろう。ご心配をかけぬようしなければと思いながら、身体より心の方が弱ってゆく私。

敗戦後、少しずつ少しずつ明らかになってきた真実の戦況では、彼が応召した六月四日、五、六、七日とミッドウェー海戦があり、初めて日米海軍が互角に戦って、そして日本は手痛く負けていたのだ。掌中の玉だった空母を四隻も失い、虎の子の航空機も大

半失った。この海戦の結果、作戦の主導権はアメリカに完全に渡ってしまっていたのだ。海軍はこの敗戦を陸軍にさえ伝えなかった。そして大本営は例によって、鳴り物入りで戦捷を報じたのだ。

この戦況悪化の端緒ともなったミッドウェー海戦の惨敗、この時に彼は海軍へ召集されたのだ。国民は聾桟敷《つんぼさじき》に置かれていたが、海軍部内では負け戦は洩れ伝わっていただろう。でも彼はうんと下の将校、おそらく知らなかったろう。

八月八日第一次ソロモン海戦、八月二十四日第二次ソロモン海戦。軍艦マーチが高らかに響き渡った大本営発表。例によって負けたとはいわない。この時アメリカは一個師団をガダルカナルへ上陸させ、日本側はわずか二、三千人、それも設営隊と陸戦隊の烏合の衆だったという。大敗していたのだ。

（八）昭和十七年八月三十一日

拝啓　其の后お変り無き事と存じ候も、如何に候や。小生、相変らず元気にて軍務に精励して居りますれば御安心被下度。盛夏の候と存じ候。お体大切に銃後の御奉公願上候。小生宛郵便物は表記のみに願上候。　草々　靖之やっとお手紙を出せる事が分かって嬉しかった。どんどん書きます。

昭和十七年九月二十日

美津夫兄様よりお便り。お父様が私を玖珠に呼んでくださるらしい。母はその時期にあらずと反対したが、私のたっての希望で負けてくれた。今は私にとっては、彼の身内の方が近しく思われるのだった。

昭和十七年十月十五日

九州の山奥、玖珠町で急流の音に耳澄ませながら夢のように過ごした十日間。口数少なく優しいお父様は慈しみ深い眼で、息子の愛している娘を見つめてくださった。彼にそっくりの切長の優しいまなざし。

（九）昭和十七年十月二十九日

玖珠よりの御手紙拝見。玖珠は山の中の田舎町です。秋の景色は非常によく、耶馬溪の紅葉は特によいものです。龍門の滝、清水の港等もよいと思います。但し、冬は非常に寒く、一寸神戸育ちの人には耐え難いのでないか心配です。土山の御両親に叱られない程度、出来るだけ永く居て欲しいと思います。

（十）昭和十七年十一月十二日

御手紙拝見致し候。御無事で御帰宅の由、安心致し候。玖珠は寒冷の地故、如何ばかりかと案じ居り候。いささか物足りなく候も、一方深く安心も致し居り候。

とても申し訳なくてただ泣いていた。玖珠に、お父様のもとに長くおられなかった。彼はがっかりした反面、深く安心したともおっしゃる。私の身体と大家族の中での私の心労を心配なさったんだろう。弱虫の信子、ご心配ばかりかけてほんとにすみません。

昭和十七年十一月十二日－十四日

第三次ソロモン海戦。

相変わらず大本営は我が方の損害軽微と、真の事はいわなかった。海軍の混戦乱戦は続いていた。

昭和十七年十一月二十五日

小さい兄（三男）召集。母と南海雄兄（二男）と三人で神戸駅まで見送る。悲壮な兄の顔、数ある兄弟の中で一番近しく育ち、妹らしく可愛がられ、靖之さんともつき合いのあるただ一人の兄だった。泣けて泣けて仕方なかった。

（十二）昭和十七年十二月二十九日

お手紙、慰問の品々有難く拝受致しました。有難う。チョッキは小さくて余り実用出来ません。小生現在十七貫、あのチョッキは胴廻りも丈も余りに小さ過ぎます。猿廻しの猿のチョッキより珍です。小生を一体どの位の大きさと思ってるんですか？　簡単ですが今日は之で失礼します。終　靖之

四十日振りのお手紙、嬉しくて嬉しくて飛び上がりそうだった。でも十七貫云々で、ちと立腹。でもちょっと心配。従兵さんたちの間で、またガンルームで爆笑の種になったとしたら……。ごめんなさい。私ほんとにネンネなんですね。貴方の大きさなんて知らない！　触れたこともなかったんですもの。でも、よほどおかしかったのか、例の候文が学生の頃のようなお手紙になっちゃって、終、なんて。プンプン。

昭和十八年一月一日

鹿島様へ初詣に行きました。一人のおばあさんが「あんたはご主人がおいでになりま

すか？」と問いかけてきて、ハイと笑顔でうなずきました。
二キロ程の道を黒々と行列が絶え間なく続いていました。おみくじは「吉」でした。

(十二) 昭和十八年一月十八日

輝く戦捷の新春を迎へられし事と存じ候。今年は明和君、佐伯子姉さん、路帰兄と大勢欠けられて寂しかった事と察し候。小生は元気に、決意も新に新年を迎へ候へば、御安心被下度。小包の御礼申し遅れ申訳も無之、改めて御礼申上候。今度の腹巻は丁度具合よく候。

本日、父より手紙あり。元旦には美津夫兄、清秀君、成子、達枝と、大勢玖珠に揃って賑やかな新春を迎えたりとの知らせあり。同時に貴女の件、美津夫兄より手紙ある予定と、意味あり気な事書きあり候。章子妹も近々縁談成立の予定にて候へば、略推察致し居り候。

即ち入籍して玖珠に来て貰ひたき様子に候。然れ共、貴女の家の都合もあり、小生も考ふる事あれば、今秋までは今のまゝにて居たき旨、知らせ候。なほ貴女の御希望知らされ度。

御手紙数々拝見致し候。希望の十八年新春に候へば、元気出し被下度候。厳寒の

砌りお身体大切に願上候。　靖之

栗田丸へ転勤（北方海域）

昭和十八年二月五日、突然の来訪だった。何の前ぶれもなかった。私の二十三回の誕生日で、ただ一度の幸福だった日、生涯忘れまい。神様有り難うございます。突然来て、私を心の底からゆり動かした幸福は、はやばやと去っていった。彼はいつものように優しく控え目で、そして清くさわやかだった。幼かった二人。

昭和十八年二月九日

靖之さんとほんとに入れ違いに、お父様お母様ご来神、成子さんの結婚式のためだった。靖之さんは本当に悲運の人、二、三日どちらかが早ければ、遅ければ会えたのに。でも色々と靖之さんのことをお伝えできてよかった。お父様はじっと下を向いて聞いておられた。つらかった。

お父様は、とても疲れてお年を召して、ほとんど離れで横になっておられた。私がこの日のためにと柔らかい綿を入れて縫い上げた黄八丈《きはちじょう》の丹前にくるまって、靖之さんそっくりの切れ長の眼で私を見つめてくださった。

ご入浴の着替えを手伝っていて、その時、私はお父様の鳩尾《みぞおち》にある拳大の腫瘤を見つけてしまったのだ。母と私は大きなショックを受けた。お食事具合といい、お顔色といい、普通でない。お目出たい式もそこそこ、急遽お帰りになることになり、胸がしめつけられながら姫路までお見送りした。帰郷後、ただちに別府市の温研病院にお入りになり、やはり胃癌との診断であった。

（十三）昭和十八年二月十四日

前略　無事着任致し候。扨《さて》この度、重要任務をおびて暫く内地を離れる事と成相候。以前と変はり、本番の第一線に出動するを得ます事、男子の本懐と勇躍致し居り候。武運拙く、北海の藻屑と成相候節は、生前の御厚意を深く謝しつつ逝きしものをお思ひ被下度。

死は易く生は難く候。小生との誓ひも大東亜戦争目的完遂の時まで延ばし、銃後の御奉公の程願上候。御機嫌美しく、年老ひし父母に孝養の程願上候。　靖之

靖之さんはこの時初めて戦闘に参加されたのだ。もはや遺書とも思われるお手紙。開戦以来一年二カ月、緒戦の頃の輝く戦果というのが形を変えてきて、銃後にもきびしい

雰囲気がただよい始めた。私もじっとしておれず、近くの軍需工場へ出る事になった。工場監督官で海軍中将の秘書として採用され、とても重要な仕事で張り切っていた。

昭和十八年三月三日、お父様からの手紙

……本人の度々の強い希望もあり、靖之との事、法の上にてなりと結婚の手続きを了したき存念でありました。けれど御尊父の意見では、本人帰還後、名実共に備わる結婚式を挙げる上ならではとの事故《ことゆえ》、遂に老生の考えを申し出る事が出来ませんでした。

深く思ふて皇国の将来を観る時、かくては名実共に備わる結婚式を挙げ得るの日、何れの時なるや。

或いは万一、永久にその日無きこととなるべきかと案じられます。……

父はやはり私を離さなかったのだ。私を愛してなぞいない。私を利用しているだけ。やっぱり私はあの父の子ではない。私はどこから来たんだろう。

お父様は、温研では手に負えないからと、九州大学の方へ移るよう命ぜられ、重態のまま福岡市郊外の宮城外科へ転院された。輸血などの術前処置を受けられ、開腹手術をなさったが、やはり摘出不可能の大きな胃癌だった。が、本人はすっかり取れたものと安心なさったようである。

お母様がすっかり看病に疲れてしまわれたので、靖之の代わりにお父様を看るようにとのお兄様の手紙。私はすぐ工場を辞めた。今度はさすがの父母も何も言わなかった。

（十四）昭和十八年三月二十五日

其の后、貴女様にはお変りなく元気にお過ごしの事と存じ候が、如何に候や。小生、転勤するや直ちに出撃。多忙の中にも元気で御奉公致し居り候間、御安心被下度。

成子挙式の折、玖珠より誰が来神せしや、状況知らされ度。それによって小生、玖珠の父に十一月結婚致したき旨、願う予定に候。

早や三月も下旬となり、桜の四月も直ぐにて、陽気に過ごし居れば四月、五月も飛ぶが如くに過ぎる事に候。

お元気に御機嫌よく過ごされん事を祈り居り候。

便り待ち居り候。　靖之

お父様の御病気を全然ご存じない。幸せを夢見ておられるお手紙、嬉しさよりも悲しさでいっぱいになった私だった。

三月末、重いトランクを持ち、生まれて初めての街、博多に降り立った私の胸は、不安と心配でつぶれそうだった。宮城外科は兵営が金網ごしに見える閑静な場所にあった。

元々色の白い方だったが、いよいよ白くというより青白くなられて、それでも手術を終えたという安堵感からか、にこやかに迎えてくださったお父様。まるで靖之さんを見るように優しいまなざしで、私を見てくださった。

来る日来る日も、二人で靖之さんのことばかり話していた。

靖之さんが高等商船へ入校されて間もなく、渡辺の家を訪ねてくださっておつき合いが始まったこと。座学の三年間は、ほとんど一週間か十日ごとにお手紙をいただいたこと。日時の許される限り六甲山や淡路島、明石、舞子と、二人で歩いたこと。たった一度喧嘩をして、たった一度指切りをしたこと。こんな話をお父様はニコニコして聞いていらしたのだ。そしてある日、おっしゃったのだ。

「今の戦局では、帰還してからだとか、中尉になってからだなんていってたら、結婚できないよ。今度上陸の機会があったら、二人だけでよい、結婚しなさい。私がゆるして祝福します。靖之にもしものことがあったら信子さん、医者になるんだな。そしてご奉公するんだ」
遺言とも思えるお言葉、だけど私には考えたくもなかった。

（十五）昭和十八年四月二日（明石よりの転送）

拝啓、御手紙有難く拝受、嬉しく存じ候。御多忙中にもお健やかの由、何よりと存じ候。お勤めを始められた由、お止めせしは小生の誤にて、国家総力戦の折柄、結構な事と存じ候。

お体大切にして御奮闘の程願上候。小生其の后、相変らずにて一作戦終了、帰還致し候。小生と入れ替りに山本少尉出撃、戦果を挙げ候。小生は武運拙く候。次期出撃にはと張り切り居り候故、御安心被下度。

小生、前々便にてお話せし事、貴女の誤解にて候。今一度読み直し被下度、誓ひしこととは小生長門乗艦の折のことにて候。

十一月結婚致すべく候。

次期作戦終了、帰還せば或ひは御面接可能かと存じ居り候。（七月下旬か八月初旬）

父病気の由、心配に候。

老年にて衰弱致し居り候へば、万一の事も考へられて心痛致し居り候。貴女に看病して貰へれば此上なきことと存じ候へど、無理は禁物に候。小生も神頼み致すのみに候。此の手紙着く頃、桜の花に名残りを惜しみ、再び出動のことと存じ候。お体大切にしてお暮らしの程、切に祈り居り候。
御機嫌麗しく候へ。

靖之

おかわいそうに、おかわいそうに、大きな心配を持って、そしてまた出撃なさるのだ。お父様に見せられない涙を幾十度、庭の木蔭で流したことか。

（十六）昭和十八年四月四日（宮城外科で入手）

前略　父看病に来福下されし由、父重病の上、色々困難な事あり、非常なるお世話に成相事に候。お体大切にして看護被下度、切に切に願上候。様子知らされ度。

靖之

おそらく横須賀まで戻られていたのでないか。次の出撃に備えてご多忙の最中でなかったか。戦線にある人に真実を知らせるのはあまりにもひどい。私は唇を噛みつつ

「小康状態で病と闘っておられる」と書き送った。（四月六日）
病院ではもはやなす術もないから、少しでも元気のある中に帰宅するようお父様にすすめた。お兄様の上手な説得でお父様は納得され、むしろ嬉しそうに病院を後にされた。痛々しくて胸が張りさけそうだった。
玖珠塚脇の小さな家、後手には小さな急流があって冷たいきれいな水が音を立てていた。まだお痛みもこず、少しずつ重湯など召し上って静かな療養生活が始まった。

（十七）昭和十八年四月十二日（塚脇にて入手）
四日付お手紙有難く拝受致し候。父重態の知らせにて心痛致し居り候が、本日の手紙により稍安心致し候。老齢にての大手術にて爾後案じられ候。看護の程お願ひ致し候。小生其の后、益々元気にて御奉公致し居り候。父の病気にて一時はがっかり致し候も、軍務に欠くる事は無之、此の点御安心被下度。

玖珠の春は、小生終生忘れ得ぬ程好きにて、父の病、恋しき人の事、山々の桜と尽きぬ懐ひに、唯に感無量に候。書き度き事、多々あれど、今は書けず候。お体大切にして父の看病願上候。　靖之お父様と一緒に涙を拭いつつ、何度も何度も読んだ手紙である。

「靖之は幸せ者だよ。靖之のお蔭で私まで信子さんに看てもらえて、嬉しいね」

有り難いお言葉だった。感謝で胸がいっぱいになった。そして数日後、私に次のような文を書かせて再起の日を願われたのだった。

更生する感謝
一、神仏の恩
一、医師の恩
一、輸血の恩
一、看護の恩
一、同情慰問の恩
以上、五恩の日暮らしをなしつつ、全快の日の近からん事を期待す。
昭和十八年四月十七日　　梅木森蔵

ご決意にもかかわらず病状は急速に悪化し、やがて末期癌の激しい痛みがやってきた。

年老いた医師は、鎮痛薬のオピアト（麻薬）の注射液を五箱も置いてゆき、痛みがくるとお兄様が注射なさった。

麻薬のお蔭でほとんど苦しまれず、眠るように安らかに逝かれた。四月二十四日であった。

大隈の家にお連れしてお通夜、そして山田寺でのお葬式。大きな大きな支えを失って、私はただ呆然と夢遊病者のような日を送り、やがて明石へ帰り着いた。そして涙にくれながら、お父様の詳細を二冊のノートに書き誌して粟田丸へ送った。

（十八）昭和十八年五月（塚脇よりの転送）

大分永らく御無沙汰致し候も、貴女には其の後お変り無き事と存じ候も、如何に候や。其の后の様子知り度く存じ候。お便り下されば何時かは小生のもとに来るものに候故、御一報願上候。

お体大切に、御機嫌よう。

靖之

（本朝、便ありとの事にて取急ぎ候へば、斯くの如く乱筆簡単に候。）

まだお父様のご逝去をご存じないのだ。おそらく北海の荒れた海をいつ敵と遭遇するか分からない危険な航行をしておられるのだ。敗戦後知ったのだが、この頃アリューシャン方面の敵の動きは激しく、アッツ、キスカの日本軍は飛行機の襲撃と艦砲射撃にさらされ、食糧弾薬の補給は困難を極め、彼の所属していた第五艦隊は千島列島の南端幌筵《パラムシル》島を拠点に悪戦苦闘をしていたのだった。

五月二十九日にはアッツ島は玉砕、山崎大佐以下二千五百余名が戦死された。伝え聞くところ、飢餓のために立って歩くのもようやくとの衰弱、全員腰紐でつないでの抗戦だったという。

山崎大佐最後の電文「他に策無キニアラザルモ、武人の最後ヲケガサンコトヲオソル」降伏ということだったんだろうか？　玉砕という言葉が初めて使われたのはこの時である。

アッツ玉砕を見て、軍はキスカ守備隊五千六百三十九名の撤収を急いだ。粟田丸はこの作戦に参加していた。撤収の第五艦隊がキスカに近づいた時、米艦隊がたまたま給油のため、島近辺から立ち去ったため、この作戦は全く無傷で成功、七月二十九日のことであった。日本軍の隠密作戦に気づかなかった米軍は八月十五日、九十一隻の大艦隊で島を包囲し、猛攻撃のあと、三万四千あまりの陸兵を上陸させたが、残っていたのは犬三匹だけだった。

この頃はまだ日本にも天佑があったということ。

五月、六月、七月と三カ月の日米の激闘、たいていは日本軍の敗退に終わり、米軍の大反撃が始まっていた。そして主戦場は南方へと移りつつあった。

再会、そして最後の手紙

昭和十八年七月十七日（彼への手紙）

八月頃会えるかも知れないと、四月のお手紙にありました。近づいてくる八月、お逢いできますよう祈るのみ。お電話でも電報でもください。そのまま九州へ向かわれるなら知らせてください。お許しいただけるならご一緒にゆきます。

明るいお月様、水田が白く光っています。昼間あれ程賑やかだった蝉の声に代わって、夜は蛙の合唱です。じっと耳を澄ませば、忙しそうにもまた、苦しそうにも聞こえます。キリギリスはまだ鳴きませんが、名も知らない蟲がジージー鳴いています。空は黒味がかった灰色で白い雲が美しく動いています。

月の光の美しさに星影が淡くさえ見えます。夏の夜空、そう、もう夏でした。貴方の上にも今夜この美しいお月様は輝いていらっしゃるでしょうか。

蛙の声はなくても波の音に耳澄ませながら、空を眺めていらっしゃらないでしょうか。

私たちは同じ月光を浴び、同じ月影をいただいていますのね、どんなに遠く離れていても。一つひとつの星がいろんな話をしてくれるようです。

「貴女の大事な人の居所を知っていますよ」

「元気に笑っておられますよ」

「あの人の艦は今動いていますよ」

「貴女の方へ向かって航海していますよ」

星の話を信じてよいのでしょうか。

（十九）昭和十八年八月

盛夏の候を迎へ、貴女には益々御壮健にてお暮らしの事と存じます。

以前、八月頃面接の機会あるやも知れずと申せしも、その機会無之。面会も叶はずにて、やむなく書面にて用談致します。

永い間、二人の事も約束のみにて、頼り無き事と思われた事と思ひます。

父の死去に伴ひ、兄が家の責任を持つ事になりましたが、家の経済状態も相当に悪いのでないかと思われます。

小生も結婚準備といふ程の事も出来ず、今日に到っています。が何時迄待てばとて限り無き事と思われますので、今度機会あり次第學式致し度、此の点ご了承下さい。多分十月中旬頃になるのではないかと思ってゐます。至極簡単にやって頂くつもりです。御両親には兄、又は母よりお願いするよう頼み置きました。葉書以外出せませんので、簡単な要点のみ認めて失礼します。　靖之

お父様を失って心細く、まだ立ち直れない私だった。こんな嬉しいお手紙をいただいたのに、何だか他人事のように感じられて、ただ空ろな日々だった。

それでも母にせかされて、少しずつ用意を始めた。

（二十）昭和十八年八月末

盛夏の候、貴女には其の后お変りなく御壮健の由、喜び居り候。前日ノート二冊、手紙二通拝受、父臨終の様子詳知得、涙を新にすると共に、貴女の心よりの看病に父も感謝しつつ冥せし事と存じ候。

今にして思へば、我々の結婚を何故父の生前になしおかざりしかと悔まれ候も、時を得ざりしものに候て、悔ひの及ばぬ事に候。父に尽くされし真心感謝申上候。

十一月と予定せしは、進級の事も有之候へど、最大の理由は進級と同時に鎮附とな

り、時日に余ゆうを持ち得るものと思候せし故に候。

今はそれも当てにならず候故、短時日の休暇には候へど、此の時機を逸せば又、何時の日ぞと存ぜられ、前便に申せし如く予定致し候。

（追伸　難波少尉は戦死しました。）

扨て、前便にて取急ぎ乱筆にて大略申し述べ候ひしも、本日より封書許可となり候へば、詳しく御相談申上候。いささか実際的となり、気分を害される点も有之と存じ候へど、小生の家の事情は詳知の事にて、父無き今日、頼る人とて無き状態の上、短時日の、而も不便の地にて候へば、此の点先づ最初に御諒解願上候。以前申せし事は、御存知の如く、我れ我れの局面多事多難となり、入渠《にゆうきよ》も従って延期となり、遂に今日に至り居り候。

今の所、前便にて申せし頃、入渠の予定と思はれ候。然れば、貴女の申せし如く休暇を得らるべく候。母、兄にも頼み置き候へば、前便にて申せし頃と思い予定致し被下度候。家の事情は御存知の通りにて重大事には候へど、形式上の式は簡略に致し被下度。更に結婚后の生活も貴女の希望―それは小生の希望にても候―に副ふべく努力致すべき候も、一時は土山の家に居て貰ふべく、余儀なき事と存じ候。

父亡き今日、玖珠には絶対にと迄近き程行かせ度無之候。

年新たになりて、陽春来りなば、我れ我れの希望の実現する頃と思ひ居り候。土山に居るも絶対に嫌と申せば、又考ふべく候も、京浜地方にて未知の処に我れ我れの希望を実現さすは相当の困難と時日を要するものと思はれ候。来年の事を申せば鬼も笑ひ居り候。まして戦する身の地獄の鬼共、笑ひこけ居り候はんも、本人は斯く迄思考致し居り候。　敬具

靖之拝

信子様

海軍へ入られて一年二カ月、これほど長い優しい、お心のこもったお手紙をいただいたのは初めてだった。幸せな信子、最上の愛を与えられて、ただ嬉しさと感謝でむせび泣くばかりだった私。過去のことは考えまい。親戚同士だのに、形式だ世間体だのにとらわれ過ぎ優柔不断だった私たち。お父様はちゃんと見抜いておられた。そして遺言ともとれる「二人だけででも結婚しなさい」、このお言葉。

昭和十八年九月十一日

結婚を一カ月後に控えて、私はこの日も親しい友人と別れを告げる為、外出していた。その間に来ていた電報。呉に入港されていた！　夜半十時過ぎ、突然、全く突然現れた

人、胸がいっぱいで声も出ない。靖之さんは学生時代よりも太って色も白くなり、すっかりお行儀よくなられて、私にまで丁寧な言葉づかいをなさった。一カ月後には妻になると定まっている私だのに。

「十月には定期進級で中尉になるし、艦もドック入りになるから、横鎮附となってしばらく休暇がもらえる。この三月に亡くなった父の墓参りもしたいし、また、年老いた母を喜ばせるためにも、ぜひ式は故郷で挙げたい」

人一倍親思いの靖之様、けれど亡くなられたお父様、「靖之、靖之」と貴方の名を呼びながら私の手を握って逝かれた、貴方の優しいお父様は、生前幾度も幾度も私におっしゃったんです。

「靖之のいうように中尉になったらとか、休暇がもらえたらとかいってたら、貴方たちは永久に結婚できないよ。今度上陸してきたら二人だけでもいい、結婚しなさい」

靖之さんは珍しく色々の事を話してくれた。北方の哨戒《しょうかい》勤務から南方へ転進すること、粟田丸は船ぐるみの応召で予備役の方が多くて、戦艦長門から比べると極楽だとか。ことに直属の機関長さんに気に入られて毎晩晩酌のお相手を仰せつかるせいか、お酒が二本もいけるようになったと威張って話された。

今回は呉市外外出禁止だったのを、神戸まで帰られる三上水雷長に頼み込んで、禁を犯してきてくださったのだ。

私たちは明け方まで寄り添って話し続けた。お父様のことではもう二人とも涙の流しっぱなしで声も出ず、彼はただしっかりと抱きしめてくれた。開いた窓からは涼しい九月の夜風と秋の蟲たちの声が私たちを慰めるかのようにささやき続けていた。

十二日は山深く、幾度も幾度も訪れた松林の中の小さな隠沼《こもり》のほとりに並んで座り、小川のせせらぎと松籟に耳を澄ませ、木洩れ日のキラキラ光る水面を、水すましが走り回るのをじっと見つめていた。私たちはほとんど口もきかず、ただただ二人でいられる時間を、全身全霊で感じていた。

彼はふと立って水草の中に咲く白い水蓮を見つけて三つ取り、私の前髪へさして「花嫁さんだ」と微笑んだ。つられて私も「どうぞよろしく」と微笑んだ。期せずして自然に行われた二人だけの神聖な儀式、涙は、多分嬉しさと悲しさが入り混じったものだったろう。

早目の夕食の時、母の心づくしのちらしずしを前に、二人は並んだ。彼は突然涙をポロポロとこぼした。私はもう耐えられなくなりワッと泣き伏した。

母は真青になって「二人とも、するだけの覚悟はできてるはずでしょう。何ですか」とたしなめた。彼はパッと後へ下り両手をついて、「申し訳ありませんでした。お許しください」と言った。

彼の言葉、態度があまりに毅然としていたので、私も気を取り直してやっとの思いで夕食をすませた。

食後、彼は心してか、爪を切りたいとおっしゃった。私は初めて彼の手をとって丁寧に切ってあげた。大きく固く引きしまった彼の手、今でも心に残るその感触。窓はすぐそばだったが、なんだか捨てるのが勿体なくて、ふと持って神棚に上げた（こうした心ない業が、貴方の死を早めたのではないかと、あとあとどれくらい自分を責めたことだろう）。

六時頃、明石の妹さん成子さんを訪ねて、そのあと二時間ほどを明石港と淡路島の見える小さな宿で過ごした。

私たちは五年間も愛し合い、信じ合い、頼り合いながら、嘘のように幼く清らかだった。父や母が気を利かして二人っきりにしてくれても、彼は間違ったことはしなかったのだ。何しろ強く、正しく、明るくが二人のモットーだったもの。でもこの日だけは神が与えてくださった日、また、亡きお父様に許された日であることを、彼も私も信じて疑わなかった。私たちの生命は一つになった。

「これでやっと結婚したんだね」。そして、「今度は本当に危ないんだ」と彼は言った。

私ははっきりと「信子の人生は貴方だけのもの。どんなことがあろうと、貴方だけのものです」と誓った。彼は強く強く抱きしめてくれて、「君がいるから僕はどんな苦しい時でも幸せでいられる」と言ってくれた。ああ、私の全生涯を贖《あがな》ってもなおあまりあるこの一言！

彼は、月曜日の課業整列に間に合うよう帰艦せねばならない。十時頃、明石駅構内で一人の少尉がサッと立って彼に敬礼した。

「どうして少尉同士なのに、あの方が先にするの？」ときくと、「僕たちが今日本中で一番古い少尉だから」とのご返事だった。あとわずかで中尉になられるところだったのだ。

急行列車が入ってくると、私をじっと見つめて、そして真白い手袋で挙手の礼をしてくださって、もうあとは振り向かず、白い海軍将校で満員の二等車の中へ消えてゆかれた。

昭和十八年九月十三日（美津夫兄様へ）

前略　全く突然の御来訪でした。今度のは休暇でなく、土日にかけての上陸を無理して、普通では出来ないのを水雷長さんに特に願って、禁を犯かしての事でした。

同封靖之さんの手紙にもありますように、今回突然南方への転進、折角待っておりました十月が流されてしまいそうで呆然としております。

靖之さんのお話では、とても危険だという南方海域です。ただただ御武運を祈るのみでございます。お兄様にお逢ひする時間があれば、と残念そうでした。私、今回の出動がとても胸さわぎが致しまして、又暫くは音信も出来ないだろうとの事で、色々とお話を伺い、又申し上げもしました。

すべて未定ながら……十月中旬、一度内地へ帰り再び引返し、十一月中旬か下旬にはドックに入るようになるだろう、との事でした。それも戦局次第で、或いは強引に修理などやらず、又、新任務に回るかも分からないとの事。今一つ、十一月進級の予定ですが、進級と共に鎮附となって再教育されるようになるか、又は今の艦で機関長附になって、暫く粟田丸に居るようになるか。恐らく後者の方が形勢が濃いとかでした。之も未定です。—中略—

今度は本当に危ないとかで、こうして書いておりましても明日をも知れぬ戦の庭に立つ人と思うと心が乱れます。

でもたとえ、万一の事があっても、亡きお父様の御遺志通りに、梅木家の一員として終わりたいと願っております。　信子

（二十一）昭和十八年九月十五日（入手）

前日は思ひもよらず、突然に面接叶ひ、十一日十二日と、忘れ得ぬ日を得た事を感謝致し居り候。

お体大切に致し被下度、呉々もお願ひ申上候。御両親、百合子さんによろしく。過ぎし五年間の事ども色々と思ひ出されて、筆紙に表はし得ぬ事に候。御機嫌よう。

信子殿

靖之拝

おそらくまだ宇品におられたと思う。靖之さんはもう信子様と呼ばず、信子殿と書いて、私を妻として扱ってくださった。

二年前の開戦十二月八日、彼は最後の引揚船、龍田丸に乗っていて、アリューシャン、ミッドウェー、ハワイと三角地点のど真ん中にいて、ハワイ空爆の報復を恐れ、全乗組員は坊主頭になり死を覚悟したときいた。

そしてその時、彼の頭をよぎったのは「淋しいつき合いだったなァ」という思いだったと、あとで聞き、本当に申し訳ないと涙した私だった。

今回はそうでない。彼は幸せだったと感謝してくれた。私にとって最高の最大の嬉しい言葉。

（二十二）昭和十八年九月十七日（宇品出航直前のお手紙と思う）

御手紙拝受。唯々貴女の健康を祈るものに候。五年の間の思ひ出も過去のものとなり候。全てが与へられるものなれば、生命の芽も希願ふものに候。父上宛御手紙書き度、筆とり候へど、書きにくき事に候へば、更に玖珠の兄に左の如き手紙出し置き候へば、御承知被下度。

「小生、前便にて申せし如く、予定変更の已むなきに至り困り居るものに候。ついては、亡き父も一度渡辺氏に対し申し被下し事に候へど、入籍のみ致し置き、時日を得し時、兄の意志に添ひ、帰郷の上、擧式致すべく、幸ひ月末出神の予定なりしとか、是非出神し入籍のみ致し、擧式の儀は時を得次第行うよう、取計ひ置き被下度。」さすれば月末には、兄が参る筈と存じ候。余り心配せば体に悪しく候。心苦しめる事とは存じ候へど、くれぐれもお体愛ひ被下度、御機嫌ようお過ごしの程、祈り居り候。

敬具

靖之拝

信子殿

色々と悩まれる一方で、靖之さんは未来に大きな夢と喜びをもって出航された（神とお父様へ感謝）。今までの何十倍も危険な海域へ出て征《ゆ》かれたのだ。

もはや絶望的な不安！　そして九月末、靖之さんのたっての希望でお兄様が来神、結納が行われた。お兄様と父との間にどんなやりとりがあったか知らない。とにかく、頑固で思いやりのない父は、またしても拒否したのだ。死を目前にした靖之さんの願いを蹴ったのだ。不安と希望をない交ぜた日々が始まった。十月に入り、母にせかされ式服を出したり、小物を揃えたり、買物に出かけたり、襲いくる不安を打消し打消しする中、十月二十日過ぎ、待ちわびた便りがあった。

（二十三）

前略　其の后お変り無き事と存じ候。小生元気にて御奉公致し居り候へば、お喜び被下度。貴女の事気に懸り候も予定通りにならず。しばらく心丈夫にお暮らしの程願上候。

玖珠の兄にも再び頼み置き候へば、何事も兄と相談致し被下度。

御機嫌よう。

署名も日付も検閲印もない、大急ぎで書いたらしい走り書き。戦場の厳しさがひしひしと伝わってくる。

でも私がこの葉書きを入手した時、彼はもうこの世を去っていたことになる。そしてお便りは途だえてしまった。

夫の死

十一月、もはや私は死人同様だった。口も利けず、ただ空ろな眼を開き、やっと息をしている私。鹿島様へのお詣りしたり、伊弉諾《いざなぎ》様で占っていただいたり、苦しさは増す一方であった。ほとんど希望は失っていたが、それでも心の奥のその奥に一抹の光を探し求めてもがいていた。

あまりの苦しみを見兼ねた父が、「もう九州へいってよい」とまで言った。年内いっぱいは待とう、万が一、万が一、お元気で九月の時のように突然上陸があるかも分からない。たとえ一時間でも、いいえ十分間でも。

とうとう十二月に入り、そして二十九日と押し迫ってきた時、明石の妹成子さんから父へ電話があった様子。その頃から父は茶の間に陣取って誰にも電話を使わせなかったが、電話のベルには特別敏感になっていた私は、お正月のお花を活けていた手を休め、身体中を耳にしていた。父の声が、「ふーん、たしかでしょうか」と、と少し違って聞こ

正月用に撮影した写真。この後、夫の訃報が届く（昭和 18 年 12 月）

えてくる。電話は短く、それきり切れてしまった。父は何も言わず、私も何も聞こうとしない。ただ恐ろしかった。恐ろしかったのだ。

眠れぬ夜があけて三十日、私は夢遊病者のように何も考えず、空ろな眼をあけて、ただ忙しさを求めて暮れの片づけに没頭していた。

自分の心の苦しさに、周りを見回す余裕もなかったのだが、どうも家の中の空気がおかしい。お正月がくるというのに、母は一日中家にいないし、病人とはいえ、陽気な姉までがひっそりと口数少なく寝ている。

三十一日、いよいよ家の中の異常な雰囲気の高まりに、何か父から話があるかと心待ちにしているのに、父はなにも言わない。耐られなくなって、またトランクを開けていると、不意に父が言った。

「軍人の妻だ、式服だけでなく喪服も入れておくものだよ」

瞬間にすべてを理解した私。

「戦死したのね」

必死で追いすがる私に、「万一という事も考えておきなさい」と逃げた父。

私はすぐ明石へ問い合わせしようとしたが、父が電話を使わせない。

夕食となり、大晦日の礼拝が始まった。父はその夜の讃美歌に「五六五」番を選んだ。

きよき岸辺にやがて着きて
あまつ御国についに登らん
その日数えて玉の御門に
友もうからも我を待つらん
やがて逢ひなん愛でにし者と
やがて逢ひなん

私は熱心なクリスチャンではなかったが、これが死者を弔う歌だということぐらいは知っていた。第一、姉がもう声をつまらせて歌にならない。母は必死で涙を押さえている。

ついに知ったのです。私はつと立ち上がり、茶の間を玄関を飛び出した。学校の事務所の電話へ向かった。明石の妹は私の問いに引っかかり、「ほんとに信ちゃん、聞いたの？　言ってもいいの？　戦傷の間違いかも分からないから、今、兄さんが調べているところよ、気を落とさないでね」

私は健気に電話を切るなり、ボックスにくず折れた。

「靖之さんが戦死した。靖之さんが戦死した」。この言葉だけが頭と身体中に鳴りひびいていた。

どうやって家に帰ったのか分からない。気がつくと、私は離れの彼の写真へお線香を立てていた。それを見て、姉が初めてワッと泣き出した。私は泣くこともせず、ぼんやりとその声を後に玄関を出ていた。二キロほど離れた所に、親友のお寺があった。いつの間にか私はそこへ向かっていた。

私たち二人のことを熟知していた友は、土気色で山門を入ってくる私を見ただけですべてを察して、お母さんと二人で抱きかかえて入れてくれた。

私はそこで初めて、泣き死にするくらい泣いた。親友の家へ行く途中、いくつかある池を案じてか、母がそっとついて来ていたことに、後で気がついた。

そしてその翌日、昭和十九年一月一日、私は彼の家へと旅立った。式服と喪服を入れたトランクを持って。

そのまま私は梅木家の人となり、約束通り彼の上陸を迎えた。妻として。小さな桐の箱に入って私の胸に抱かれた靖之様、やっと、やっと私たちは一緒になれたのだった。永久に。

ときは木の変はる事なき緑こそ征でゆく我の心とぞ知れ　靖之
ときは木の変はることなき緑もて君に捧げむわが真心ぞ　信子

第三章　ポツダム医者

海軍葬、佐世保鎮守府

言著明《しる》く書き遺さばやとこしへに若き二人の悲しみの賦を

眼を閉じると小さい桟橋が見える。真白い帽子の水兵さんたちが首から白い箱を下げ、四列になって並んでいる。後の艦からはまだどんどん白い箱が降りてくる。やがて行列が動き出した。低く咽《むせ》ぶように聞えるのは「生命を捨てて」の吹奏楽だ。この歌は不思議にこの時に聞いたきりで、戦後は禁止されでもしたのか聞いたことがない。

生命を捨てて丈夫《ますらを》が　たてし勲《いさを》は天地《あめつち》の
あるべき限り語り継ぎ　言い継ぎゆかん後の世に
絶えせず書きじ万代《よろずよ》も

礼砲が轟き、祭典が始まる。でも何も見ず何も聞いていない。ただ祭段に並んだ白い箱の八番目をみつめて心で話しかける。

「お還りなさい、お還りなさい。ついに還っていらしたのね、私のところへ、こんなお姿になられて」

私の身体は硬直し、すぐ真正面におられる小松佐鎮長官のお姿も朦朧《もうろう》として、ポトポト落ちる涙は膝を濡らし、祭典の行事はほとんど目に入らない。

弔銃が発射され、急テンポになった「命を捨てて」が式典の終わりを知らせる。

そのあと色々のお話があったがほとんど耳に入ってこなかった。ただ一つ「軍人の遺族には医学校進学の特典がある」の一言だけがハッと心を打った。

彼の戦死よりわずか六カ月前、義父は胃癌で亡くなったのだが、優しく思いやり深かった義父は「中尉になってからなんて言ってたら、この戦局だ。いつ結婚できるか分からないよ、今度上陸の機があったら、二人だけででも結婚するんだね。そして靖之にもしものことがあったら信子さん、医者になってご奉公するんだなァ」

死を前にして、今日の日を見通していらしたかのようなお言葉、むしろご遺言だった。靖之さんご自身、こうした軍遺族に関する国の配慮を知っていらしたのだ。だから色々考えてあんなに入籍、入籍と望まれ、せがまれたんだろう。この時初めて、ご出征の時のお別れの手紙の最後にあった一行、「日本の軍人として立派に御奉公して、武運あれば生きてお目にかかりましょうが、還り来ぬ身として征く小生の唯一の贈り物です」の意味がはっきり、はっきりと理解されたのだった。

こんなにも深く愛されていた私。頑迷な父の再三再四の拒否で、彼の生前はついに入籍できなかったが、戦死されてなお彼を慕い、絶望の中からもそれのみを光として求め苦しむ私に、さすがの父も断念したのだろう。

昭和十九年一月二十九日、日田区裁判所で結婚確認の裁判が行われ、二十日受理され、無事私は入籍したのだった。戦死は十八年十月二十二日。美津夫兄様が提出された彼からの数々の手紙、また海軍省へ出されていた結婚許可願など、多くが証拠となったが、何よりも私の死人のような蒼白な心神耗弱の様子をご覧になって、判事さんは同情されたのかも分からない。私にはついに一言もお聞きにならなかった。

義父《ちち》の遺言に靖之さんの深い深い思いやり、そして海軍葬で知った特典。私は決心した。

「軍医になろう。まだまだ戦争は続く。私だって戦場にゆけるだろう。運よく戦死できたら靖之さんと一緒に靖国に行けるかも。靖之さんとお父様が喜んでくださる。そうだ、私も死ぬことなど考えないで、力いっぱい努力して医者になり、お国のため尽くそう」

遺影と結婚式――上京

海軍葬が終わり遺骨（といっても写真一葉）が還ったので、私たちの結婚式が行われた。白無垢で遺影と並んだ私。誰一人声も立てない静寂な式だった。こうして私たちは真実、結ばれたのである。一番喜んでくださったのは、やはり亡きお父様だったはず、そしてもはやそのそばには彼が寄り添って、二人でニコニコされていただろう。

毎夜毎夜、夢に現れ私を慰めてくださる靖之さんは、「信子が僕の名を名乗って僕のことを覚えていてくれる限り、僕は生きてるんだよ。君は僕の人生の証《あかし》なんだから」と言ってくださる。「そう、渡辺信子は死にました。新しく生まれた梅木信子は、もう昔の信子ではありません。貴方とともに生きて、そして貴方とともに死ぬ。それが私です」

遺骨（写真一葉）が還り、遺影と式を挙げた白無垢姿の著者

しかし、女学校を出て七年も経っている。いくら特典があるといっても甘えては駄目だ。昭和十九年九月、私は誰一人知る人もない東京へ出た。母の知人で、家庭学校という子供の養護施設を経営しておられる今井牧師さんのところが寄宿先だった。感化院とは違って、普通の、むしろ少し上流の家の子弟で、継母とか片親の子だとか、とにかく問題を抱えてはいるが、知能、性格などは正常の子供たちで、たしか二十名くらいの小規模な学校だったと思う。北海道には分校もあった。私は渋谷にある松頴《しょうえい》という予備校へ通い始めた。有名な学校で、そして高度な授業内容、国語は難解な古文ばかり、数学は聞いたこともない三角だの、サイン、コサインで目を白黒させるだけ。全然ついてゆけず、お手上げで困り切っていたら、今井さんの家の中学四年生の譲ちゃんという坊やが家庭教師をかって出てくれた。東京の中学四年と言うと、田舎の女学校なんぞとは雲泥の差。どんどん力がついて有難かった。

今井牧師さんの奥様は京都の堂上華族のお姫様。上品を絵に書いたような、背の高いほっそりした方だった。大家族で、ご長男は京都大学哲学科、三男の恵ちゃんは学童疎開で、あとの五人とご主人、ご主人の弟さん、そこへ私が加わって九人、賑やかだった。同じクリスチャンでもこんなに違うものかと、眼を見張るくらい家庭の空気は暖かく和やかだった。

敬虔で真摯な中でもとてもユーモラスなご主人、そしてニコニコしながら、いつも人を笑わせる輝子さん。大きなお身体のお父様と五歳の末っ子の卓ちゃんが同じ量の食事で、「卓ちゃん、お父様にひときれ分けてくれよ」なんて、大笑いする和やかな食卓。疎開先の恵ちゃん（男の子）なんか私の来たことを知って、「まだ見ぬお姉様へ」なんて手紙をくれるほど優しいご家庭だった。お姫様の奥様は広い畑を借りていらして、野菜から小麦までせっせと作られる。何と天秤棒で肥桶まで担がれるのだ。そして他人《ひと》には決して手伝いを無理強いなさらない。真子《まこ》ちゃんがさつま芋の蔓《つる》を引っぱって、「お母様、これ何のお野菜？」って聞いてらっしゃるのをほほえましく聞いた。

できた方、お立派な方、私はもちろんお手伝いをした。心から手伝いたかった。燃料も乏しくなってきていたので、庭の杉の木の枝をどんどん切り払って台所横に積上げた。後年「信子さんがあんまり切ってくださったので、杉の木があらかたなくなっちゃったのよ」と言われて恐縮した私。

こんなお優しい方々の中にいても、私は始終泣いていたらしい。後年奥様がおっしゃった。

「信子さんはまるで悲しみが皮をかぶって生きてるみたいだった。一日中声をしのんで泣いてらっしゃるので、私まで階下でもらい泣きばかりして、いつもいつも眼が真赤だったのよ」

理事会だの後援会だの、お人に会われることの多かった方の眼を赤くさせてたなんて、ほんとに申し訳ない。そしてまた譲ちゃん曰く「お姉さんのうめき声で眼が覚めちゃうんだよな」。輝子さん曰く「お姉さんのうなされ声、うめき声はこの世のものと思われない」。

私自身、自分の泣き声で目覚めるくらい、悲しい夜々だった。でも本当に今井家の皆様には、申し訳なかったと思う。

十一月頃から小手調べの空襲が始まった。下高井戸の辺りは関東ローム層という黒い砂地みたいな、何でも富士山の噴火でできた土地らしく、防空壕など作っても作ってもつぶれてしまう。すぐ隣の畑へB29が車輪を落とした時など、直径五メートル以上のクレーターができた。グラマンの偵察などまるで遊んでいるように超低空で、二階から見てるとパイロットが笑って手を振りかねないくらいだった。でも久我山の墓地へB29が落ちた時は驚いた。

時局はいよいよ切迫してきて、真子ちゃんが動員されている軍需工場でも、「こんなのはB29が来れば燃えるだけだ、早く燃してしまえ」と、どんどん処分しているし、家庭でも「空襲米」といって多目の配給があったり、大本営は沈黙していても、年配の人まで動員されてゆくのが戦局の悪化を語っていた。

学徒動員で召集されておられた京大のご長男が出征されることとなり、わずか一日ご帰宅された。奥様は四方八方奔走され一合の小豆、百グラムの砂糖と借り集められ、出て征かれるご子息に、できる限りの馳走をなさった。

いよいよフィリピンでの戦闘が始まったらしく、その近海では海軍の激闘が続き、サマール、スリガオ水道エンガノ沖の戦いで我が連合艦隊はすべて惨敗、もはや主力と呼べる艦はほとんどなくなり、ついに神風特攻作戦が始まっていた。

昭和十九年十月二十日

第一陣は海軍大尉関行男率いる敷島隊、わずか五機で空母一隻撃沈、巡洋艦一隻轟沈、空母一隻火災停止、と驚異の戦果を挙げた。特攻作戦を邪道と反対されていた大西瀧二郎中将も、これを見て海軍を救うのは、日本を救うのは、この方法しかないと、悲歎《ひたん》の決意をされたのである（特攻作戦発令者、命令者のうち大西中将のみ戦後自決）。

関大尉の未亡人は万里子さんという絶世の美人だった。新婚二カ月だったときく。大尉は出陣に際し「私は天皇陛下のためとか、祖国のためとかでなく、最愛のケーエー（海軍用語で妻）のために征くんだよ。日本が負けたらケーエーはアメリカの餌食《えじき》になるからね。それを阻止するために征くんだ。だが日本ももう駄目だな。私のような優秀なパイロットを死なせるなんて、愚だよ。私だったら五〇〇キロの爆弾だって空母の甲板に落として、そして帰還する自信があるのに」と言い遺されている。

万里子さんは、私と女子医専同期の未亡人としての入学だった。けれど入学して間もなく渡辺の実家の姓に戻られ、また卒業して眼科医となってすぐ再婚されてしまった。ショックだった。娘さんを一人もうけられたが、またご主人と死に別れておられる。

サイパン、グアム島はすでに米軍の手中にあったから、本土への本格的空襲は目前に迫っていた。私は全然死を恐れず、むしろ彼と同じ敵の手で斃《たお》れるのなら本望とさえ思っていた。彼から撫子《なでしこ》と呼ばれていた私、最後の一人となっても戦い、軍人の妻としての誇りは持ち続けたいと決心していた。そしてどんな時でも勉強だけは続けようと、努力は惜しまなかった。

女子医専入学

昭和二十年一月三十一日、合格発表の日。女子医専入学が許された。夢みたいだった。きっと試験の成績よりも、面接の印象がよかったのかも分からない。和服姿のふくよかな吉岡弥生先生は、「軍医になりたいのです」と言った私にニコニコされ、「再婚はしてませんね」と糾《ただ》された。「もちろんです。そのようなことは絶対にいたしません」。はっきり誓った。この一言と大和撫子としての熱意で入学が許可されたとしか思えない。

海軍へ入り、戦争に参加するのが目的の入学であった私にとって、あとあと心残りなどあるはずもなく、結婚準備にと用意した家具、衣類すべて処分した。一度も手を通してない仕付け糸のついたままの晴れ着、結んだこともない帯、さすがに泣けて泣けて仕方なかった。こんなものを用意せず、四畳半一間で二人分の食器さえあればよい、小さな小さな幸せを一カ月でも過ごせたかも分からないのに、馬鹿な浅はかな私。今はただ亡き人に詫びる気持ちでいっぱいだった。

横須賀の遺品が送られてきた。まだ彼の残り香の漂う白い糊のきいた衿カラー、軍服、そして尺八一管。私の琴と合奏するおつもりで習ってらしたのだ。もう絶対、琴には手を触れません。悲しすぎますと誓った私。

小手調べ段階の空襲が本格化して、三月九日、江東区一帯、下町が焼夷弾空襲によって一夜で壊滅した。人口密集地、その様相は凄惨を極めた。対岸へ逃れようとすべての橋は黒こげの死屍累々《ししるいるい》で踏み場もなく、隅田の川面は水面が見えぬほど、裸の水死体がひしめいていたという。焦熱地獄から逃れてみんな飛び込んだのだ。

死者八万三七九三人、家を失った者百万人。それは世界最大の古今未曾有の大虐殺だった。

ある上級生は下町に家があったが、学校の方が安全だろうと寄宿舎におられた。そして十日、我が家の様子を見にゆかれた。ああ柿の木が焼けている。この辺だと、ふと横手の細道を見ると七つのお地蔵さんが坐っている。その一つに手を触れると、パラパラと砂のように砕け散った。お父様だったのだ。隣りのお母様、妹たち、看護婦さんたち。あまりのことに蒼白で震えていると、兵隊さんたちが「僕たちがやりましょう」と一人ひとり拝みながらの遺骨を拾ってくれた。何と七人のお骨が一つのお弁当箱に入ったのだ。何千度もの焼夷弾はほとんど骨の形も無くし、まったくの塵《ちり》になってしまう。カラコロと微《かす》かな音を立てる弁当箱をもってフラフラ歩いていると、焼け残りの都電がノロノロ走って来てみんなが手を差し伸べて乗せてくれた。寄宿舎で箪笥《たんす》の上に箱をのせて弔ったが、悲痛のあまり誰一人一声もなかったという。

四月に入ると、空襲はもはや連日となり、夜といわず昼といわずB29は絨毯爆撃《じゅうたんばくげき》、グラマンP51も加わってきて、急降下を繰り返しながら、無差別の機銃掃射だ。

アメリカ人は日本人を「黄色い猿」と呼び、もはや人間として見ていなかったんだろう。工場、軍需施設だけでなく、民間の街を歩く普通の人間まで標的にされた。非戦闘員、女、子供とて容赦はなかった。私は国際赤十字条約のことはあまり知らないが、これはやはり違反じゃないのか。敗戦後の東京裁判だって、日本軍の非ばかりあげつらって、自らの悪逆非道の行いについては、すべて無罪放免、一言も言及していない。勝てば官軍。負ければ賊軍。

東京だけではなかった。十二日、名古屋、十三日、大阪、十七日、神戸、十九日再び名古屋、日本の主要都市はわずか十日間ですべて炎上した。二百万人以上が死傷している。被災家屋は五十八万戸。

この日本本土焼尽作戦は、ルメイという少将の立案指導によったとされる。「日本の家屋は木と紙だ、焼夷弾だけで十分の効果がある」。そしてこの作戦は日本全体田舎の小中都市まで攻撃目標とされ、日本列島全部が焼野原となったといっても過言でないだろう。そして、このルメイ少将は、戦後日本政府から勲章を贈られている。なぜ？　なぜ？

昭和二十年

四月二日

米軍が沖縄へ上陸。侵攻艦船一三一七隻、艦載機一七二七機、上陸部隊十八万余、迎え撃つ日本軍は七万七千人。ほかに満十七歳から四十五歳までの県民二万五千人、その中には男子中学生千六百名、女学校上級生六百名がふくまれている。

四月五日

万策尽きた小磯内閣総辞職、後継は七十八歳の鈴木貫太郎海軍大将。

四月七日

鈴木内閣の親任式が済まないその日の午後、戦艦大和を基幹とする最後の海軍残存艦隊は六日十六時出港。すべての行動は米軍に把握されていた。

「皇国ノ興廃ハ正ニ此ノ一撃ニアリ、茲ニ特ニ海上特攻隊ヲ編成シ壮烈無比ノ突入戦ヲ命ジタルハ帝国海軍力ヲ此ノ一戦ニ結集シ、光輝アル帝国海軍海上部隊ノ伝統ヲ発揚スルト共ニ其ノ栄光ヲ後世ニ伝ヘントスルニ外ナラズ……」

その伝統と栄光を後世に伝えんがために、最後の日本海軍は征って還らざる出撃をした。死者は大和が三〇五六人、護衛艦七隻、九八一名である。この日大日本帝国海軍は消滅した。東京では五日の早暁空襲、七日の夜間空襲、昼間はP51が東京上空を乱舞し、もの凄い超低空の機銃掃射が始まり、二階の窓辺にいても狙い撃ちされた。

四月十日

学校より呼び出し。まだ入学式もしてない予科生だが、きっと病院へ動員するんだろう。

四月十二日

午前と午後二回の空襲。

四月十七日

空襲で学校が焼失、本院と寄宿舎は残存。

予科生は入院患者、とくに火傷患者の病巣にわく蛆虫《うじ》取りを仰せつかった。ピンセットと膿盆をもって、廊下にまで茣蓙《ござ》を敷きぎっしりと寝ている人々の間に分け入り、悪臭の中に座りこむ。

蛆の大きくなるのは早かった。血や膿汁が栄養となるのだろう。アッという間にこぶし大にまでふくれ上がり、中は白いヤツでいっぱい。ソッと叩かないと素早く逃げて頭髪の中へ入りこむ。「髪を切っちゃおうか」とつぶやくと、地獄の底からの蚊の鳴くような声が、「死んでもいいんです。切らないで」。

ああその苦痛は筆舌に絶したろう。消毒薬ももはやなく、タンニン酸の液でそっと拭《ぬぐ》うだけの手当てだった。

この火傷の人たちはまだよい方で、トラックで次々と運んでこられる被災者の中には無残に息絶えた人たちも多く混じり、それらを選り分ける上級生たちは、蒼白で口もきけない有様だった。

四月二十五日

今井家から高円寺の軍人援護寮へ移った。同じ運命の方々との共同生活である。病院へ行くのにも中央線一本で行ける。だがこの国鉄が問題で、本数も車輪数も減っていたのか超満員で、連絡器の上にまで乗る人が多く、よく振り落とされる人がいる。もちろん轢死である。死体を見るのはもう慣れてしまい、そっと手を合わせるだけ。だって明日は我が身かも分からないもの。

新宿へ着いても都電はもはやなく、十三番線の線路づたいに、ペンペン草を踏みしめながら河田町まで歩いた。

五月十五日

病院奉仕の明け暮れを重ねる中、新宿を中心とした大空襲。十五日早暁だった。高円寺はもちろん、まっただ中である。焼夷弾は雨霰《あめあられ》のように降りそそぎ、直撃弾はゴーッと大音響で襲いかかる。緑豊かな住宅街だが、あっという間の大火災で、青い庭木がパチパチメラメラと燃え上がる。火は大風を巻き起こし、太い梁や家具類は中空を鯨のように泳ぎ、その間を縫って障子や衣類が大きなコーモリのように飛び交う。真昼のように異様な明るさの中を、銀翼を輝かせてB29が数十機、悠々と何度も何度も編隊爆撃を繰り返す。

何回空襲に遭っても、グラマンやP51の機銃掃射にもガンとして壕に入らず、むしろ一息に死をと願っていた私だったが、一斗樽ほどの直撃弾が、真横に火の玉となって突っ走った時は無意識に地に伏せていた。

この空襲で、またも女子医専は大被害を受けた。内科の岡本教授がご子息共々焼死された。奥様とお嬢様は、家族全滅をさけ別方向へ逃げられて助かった。

もはや火葬場もないので、運動場の片隅に薪を積み上げて火葬にした。高円寺から新宿、代々木、早稲田と一望に見渡せる茫々たる瓦礫の平原は、戦局の悪化をまざまざと見せつけていた。誰の目にも、もはや勝てるとは思えなかった。だが最後まで戦うことも信じていた。

靖之さん、おそばへゆける日が近づいたみたいです。嬉しく悲しい日、私はその日を恐れません。待っています。大和撫子の一輪として、美しく清らかに散ってゆきます。喜んで喜んでおそばへ参ります。

亡き人へ

五月二十一日

母の知人、賀川豊彦氏が女子医専の保証人になってくださることになり、世田谷のお宅へお伺いしました。途中渋谷駅でグラマンやＰ51に追われました。すごい機銃掃射で、みんな線路へ飛び込んだり、道路で伏せる人、走り回る人、修羅場の中、呆然と立っていたら、見知らぬ人に「逃げろ」と突き飛ばされました。みんなみんな民間人、普通の人です。

アメリカ人は大和民族を一人残さず殲滅する気なんですね。こんなことが毎日毎日東京中であるんです。これでは戦場の方が、離れ島の守備の方が安全かも分かりません。賀川先生は、保証人にもなってくださるし、困った時にはいつでも力になるから心配せず勉強しなさいと、言ってくださいました。有難く心強くて、麦畑の中を一時間ほど泣きながらさまよいました。近くを通る人が不思議そうに眺めるのもかまわないで、貴方の名を呼びながら歩き続けました。でも何だか勉強が続けられるような状態でなくなったようにも思えます。

五月二十四日

早暁の凄い空襲！　もうあらかた焼き尽くしたはずですのに、さらにまったくの焼土としたいのか。パチパチパンパンと残った立木が燃える音。Ｂ29の轟音だけでも耳が破れそうだのに、丸太棒などはゴォーッと音を立てて空を飛ぶ。焼夷弾と火災で辺りは高温となって、洋服や防空頭巾などつけておられない。みなさん、防水桶の水を頭からパシャパシャかぶっている。私は相変らず観戦武官と称して壕にも入らず立ちつくしていたが、やがて疲れて廊下でゴロ寝してしまった。皆さんがあきれ果てていた。空襲直後だというのに学校へ行った。もう日常茶飯事というところ。運よくアッペ（虫垂炎）の手術見学ができた。どんどん人の死んでる一方でこうして手術を受ける人もいる。ちょっと妙な感じを受けた。

六月三日

この一週間の空襲のひどかったこと。中でも二十六日のは超弩《ド》級だった。さすがの私も恐ろしかった。生きているのが不思議だ。でも「ああ最後だ」と思った瞬間、あれほど落ち着いていられたこと、やはり靖之さんのお蔭だと思う。あの時死んでいれば、今頃はもう靖之さんと一緒におられるのに、私はよくよく悪運が強いのだろうか。

東京はもう草一本見えないような焼け野原となってしまった。私たちの寮の一角だけが不思議と残っている。亡くなった方たちが守ってくださったんだと皆さん言っている。

六月十日

不安定な毎日、入学式、疎開のことなどとりとめもなく話すだけ、混沌としているので生活まで乱れ、またまた空虚、寂しさが頭をもたげる。同室の川口さんは手紙を読んでは声をしのんで泣いておられたが、一カ月ほど前、帰省されたままついに帰寮なさらなかった。ご事情があったのか、学校はあきらめられたご様子。

六月十四日

戦況はいよいよ悪化。医者になろうなんて決心も無意味のようだ。一日も早く戦闘隊に入りたい。明日、明後日の生命はもはや分からない。沖縄が駄目になったら、次はどこへ上陸するんだろう。

六月二十一日

沖縄陥落、全島が米軍の手中に落ちる。三カ月の激闘の末、戦死者七万余、市民の運命を共にした者数万。牛島軍司令官は二十二日自刃、以下太田小将、藤岡中将、島中将、有川小将、和田中将、鈴木小将、雨宮中将、相次いで自決され、組織的な戦闘は終わった。沖縄の山野は容を改め哀愁と屍臭は地に満ちた。

七月一日

とうとう予科と一年生は山梨県豊村へ疎開と決まり、十日までに参集せよと指示が出た。私は、重いリュックと顕微鏡をかついで東京を離れた。甲府の次の龍王という小さな駅で下車。宿舎は龍沢寺という禅寺で、本堂が借りられたのだ。

布団と行李《こうり》に囲まれた十畳ほどの空間で皆ぐったりしていた。そして着いた翌日に、昨日通った甲府の街が紅蓮の炎と化すのを望観した。全国からバラバラ集まるので入学式らしいこともせぬまま授業が始まった。

教室は体育館で、昼間から薄暗く土蔵のような臭いがしていた。教授たちは出張の形でいらっしゃるのだろう。メチャメチャな集中講義で頭が変になりそう。ドイツ語一週間、解剖一週間、その間には桑の根っ子を引き抜いて、芋苗を植えたり、自転車部隊を作って隣村へ買い出しに行ったり。果樹だけは沢山あった。とくに巴旦杏《はたんきょう》はいくらでも入手可能だった。でもそれが問題、九〇パーセントが水分の果物、当然、夜間のタンテ（お便所）通いが忙しくなる。タンテは、母屋からはるか離れていて、しかもお寺で墓地、その上当時は土葬となると、誰も一人では行けない。団体ができるまで待った。その頃の私は、相変らず悲しい夢ばかり見てうなされ続け、同室者からさんざん恨まれた。しかし苦しい時は人間、心優しくなるものだ。自宅から送られてくる食物、煎り豆、焼き米、数をかぞえて分け合った。食事は小学校の下駄箱の間に据えられた大釜の中から柄杓《ひしゃく》で掬《すく》われる水のようなお粥《かゆ》、お米なんて入っていない。それでも同じ班の者十三名は空き教室で仲よく丸くなって座り「いただきます」と行儀よく、時には涙をポトポト落しながら食事をした（よく塩加減が利いたろう）。

誰も彼も身も心も疲れ果て、栄養不良も手伝って無月経になってしまった。級友の亀田さんが自宅（四国）から送られてきたダシジャコを食べて、プトマイン中毒で急死された。小包みも一つ届くのに時間がかかったんだろう。遺体は火葬場もなくなっていたので、屋根もない野辺で級友が集まり荼毘に付した。

その頃繰り上げ卒業で、大阪へ帰ろうと東海道線へ乗られた上級生が、グラマンの機銃掃射で即死された。四人で座席の間に頭を下げて蹲《うずくま》っていて、空襲解除の報《しら》せにゆっくり頭を擡《もた》げたが、一人だけは動かない。グラマンの弾丸は心臓を貫いていた。四人の中で一番小柄だった方と聞く。

何だか死が日常茶飯事のように思われてきた。その頃にはもう配属将校がいて、教練の時間も増え、「申告いたします」なんて軍隊用語が飛び交い、九十九里浜へ出撃するとの噂が盛んだった。

もう勉強どころでなかった。そしてこんな田舎にまでグラマンはやってきてダダ……

とやった。どんぶり鉢を下げての学校の往復途上、何度近くの小川や溝へ飛び込んだことだろう。

八月十五日　敗戦

かんかん照りの暑い日だった。小学校の広い校庭では、キンキンひびく天皇の声が、ラジオから途切れ途切れに聞こえるが、何のことかさっぱり分からない。中国・韓国からの留学生の人たちが一固まりになって嬉しそうに笑い始めたので、やっと負けたんだと分かった。

何も考えられなく、どうしていいか分からない。とにかく大急ぎで自宅へ帰れという命令。重いリュックをかついで甲府駅まで歩く。みんなヨロヨロ、ヨタヨタ。やっとこさ乗れたのは何と有蓋《ゆうがい》貨車で、ガラガラドスンと閉めると中は真暗闇。しかも予科連の若者がいっぱいで、九州へ行き、九重山へ立てこもって徹底抗戦するんだと怒気天を衝く勢いだ。私も断然同行したかった。本当にこの時ほど、死を願ったことはなかった。でも実際には疲れ果て、弱り果てて、亡き人の生家大分県玖珠町へ辿り着いたのだった。

何という、何という結末だったろう。日本が降伏するなんて考えた人間がいたのか！　最後の最後まで戦い抜いて負けるということは、日本滅亡の時と信じて疑わなかった誇り高き大和撫子われ！

義母と私は、亡き人の遺影の前で抱き合って泣き続けた。もはや犬死にとしか言いようのない哀れな戦争犠牲者。三百万人もの雄々しい御魂は、なんのために水清く屍、草むす屍となったのか！

慟哭《どうこく》と絶望の日が続き、やがて虚無の底に沈潜し、まさに生ける屍だった私。ただ一つの慰めは、毎夜のように夢に現れて、励ましてくれる靖之さんだった。「僕たちは一つなんだから、元気になって欲しい。僕を覚えていて欲しい、君が思い出してくれる限り僕は生きているんだよ」

夢の中でも号泣し、自らの泣き声で目覚める夜々。幾十度見つめ合い会話し力づけてくれたろう。亡くなってもなお私を導き守ってくれる人、やはりやはり私は永遠に貴方のもの……。こうした想いが少しずつ少しずつ私を立ち直らせてくれた頃、九月十七日、思いがけず学校再開の通知があった。

軍医への道は当然、また靖国への道も閉ざされた今、目標のない勉学を続けて何の意味があろう。悩む私に彼の兄は言った。
「義父の言葉を思い出しなさい。靖之の敷いてくれた道を行くんだ。それが妻としての取るべき道だ」と。

再び山梨県豊村へ

義母も姉妹も本当に喜んでくれて、厳しい食糧事情の中から持てるだけの白米、味噌漬牛肉などをつめ込んでくださった。門司はごった返していた。満州朝鮮からの引揚者、沖縄、九州南部からの帰還兵、東京、京阪神へ帰る疎開者など、難民の坩堝《るつぼ》である。そして二百十日の暴風雨は、戦時中に酷使した山陽本線をズタズタに破壊して、尾道以西の列車はまったく不通であった。国鉄は船を代替として尾道まで運んでいたが、引揚者、軍関係者が優先乗船で、一般の者はどんどん後回しとなる。

幸い瓦礫《がれき》と化した港にも、所々に焼け残った上屋《うわや》があって雨露だけは防げた。コンクリートの棚でゴロ寝をし、持参の白米で飯盒《はんごう》飯を炊き、牛肉の味噌漬を焼き、なかなかおつな生活だった。道連れとなった日大の学生と交代で順番をとったり仮眠をしたり、まったく赤の他人でもあの頃は助け合ったものだ。

一週間待っても国鉄の船には乗れそうもなく、少々焦りが出て来た時、その日大生が闇船を探し出したのだ。百トンにも満たないような漁船だったが、すでに超満員で船べりは海面とスレスレ。だが、私たち二人はエイッと、まさに離れんとする船に飛び込んだ。

やっと出航を始めた途端、船首を半分ふっ飛ばされた同じ型の漁船が引き返してくるのを見て、皆悲鳴をあげた。豊後水道には日本軍の敷設した機雷がまだブカブカしているという。それでも誰一人船を降りる者はいなくて、出航した。ノロノロと島から島へと手探《さぐ》りのような船旅だった。波が高くなるとパシャッ、パシャッと頭から濡《ぬ》れねずみとなる。船頭さんが百人の頭上に変な匂いの大きな合羽のようなものをバサリとかける。まったく魚並みだ。そんな中でも隣りの帰還兵は携帯燃料で湯を沸かしてご馳走してくれた。人間本当に苦しい時には助け合うのが本能だろうか。それとも戦前の教育が優れていたのだろうか。話し声などまったくなかった。誰も彼も重い心と重い口と重い身体で、じっと耐えるだけだった。

やっとのことで尾道へ着いたら、何と五万人もの人が列車を待ってひしめいていた。またまた野宿である。三日くらい経ったろうか。食物も底をついた頃、ようやく乗りこめた。昇降口の天井まで積みあげた帰還兵の荷物のてっぺんにチョコンと座らせてもらって、身動きもできない。飲まず喰わずのような日々を重ねると、排泄の用もなくなるものなんだ。ちなみに誰もが窓から出入りしていた。

やっと明石まで辿りつく。土山の実家では真黒け、泥だらけでも、銀シャリと牛肉のお蔭で、まずは元気の私を見て、皆は仰天した。

土山でまた食料を仕入れ、あとは豊村目指してまっしぐらだ。豊村へ着いて驚いたのは、九州組七名のうち、出てきたのは私一人で、あとの人たちはあきらめて回れ右をして帰ってしまったのである。

一カ月後、国鉄が回復してから出て来た人たちは、解剖の伊東教授からさんざんしぼられ「梅木さんが出てきたからよ」と恨まれた。彼女たちは皆ビーコン（追試験満点でも二〇パーセント減点）だった。

十月、山梨の冬は冷える。お寺の本堂では寒さが厳しい。宿舎を分散せよとの指示が出た。ある日野道を歩いていると、柿の木に登って実をもぎっているおじさんを見た。「おじさん、女子医専の生徒ですけど、どこか泊めてくれる所ないかしら」と声をかけてみた。とてもぶっきら棒のその人は「ついて来い」と一言。何と大きな農家まで案内された。

あとで知ったのだが、そこは豊村一番の農家で、豊村には水田がないので隣村に田を持ち米作りでは有名な人だった。家には純ちゃんという五年生の女の子があって、その子の勉強を見てくれるなら置いてあげる、とおっしゃる。私は大喜びで仲間五人と引っ越した。おじさんは六畳の蚕室へ、真新しい畳を六枚天井裏から下ろしてきて敷いてくださった。弟さんの結婚のため、とってあった畳だそうだ。

有り難い生活だった。干し芋は軒下にいっぱい吊るされ、いくらでも食べてよい。そして毎朝大鍋いっぱいのほうとうを運んでくださる。南瓜や茄子、野菜のいっぱい入った味噌仕立ての山梨名物である。お蔭で裸小麦を二度炊きした茶色のポロポロ食はほとんど食べないで持ち帰り、煎って醤油をまぶして煎餅として勉強中かじっていた。純ちゃんの勉強は交代でみた。

裕福な大農家に置いていただけて、級友たちから羨ましがられたが、たった二つ閉口していたことがある。一つはそれは入浴。何しろ昨日は庭にあったと思うと、今日は台所の土間、というふうで、どこへでも持ち運びできるドラム缶風呂、もちろん流しも囲いもない。体を洗えば洗うほど、風呂の湯が濁ってよい肥料となるのだ。私たちは若くてホルモンも多かったから、さぞ期待されたのではないか。

もう一つ、トイレだ。大きな大きな壷《つぼ》の上の板の薄いこと、フワフワ動くのだ。ドブンと落っこちたら、という恐怖はあとあと何十年も夢に見たくらいである。

入浴の方は途中から天佑に恵まれた。村長さんの家のタイル張りのお風呂を週に一度使ってよいことになったのだ。どうやってこの幸運に巡り合ったかは覚えていない。

十二月、焼け野原の東京へ引き揚げた。再び軍人援護寮での生活。敗戦国である。もはや軍人遺族だとて何の援護もなかった。しかし、寮費、食費は安かった。入学の目的がそもそも戦死したいということだったので、実家からも梅木からも一切経済的援助は受けない約束だった。幸か不幸か、占領軍の方針で日本中が貧乏と欠乏の生活を強いられ、預金も封鎖され、誰も彼も飢餓と向き合う生活だったのだ。

アルバイト

寮で一番先にアルバイトを始めたのは私だった。日比谷の占領軍女性将校宿舎での不寝番、俗に「ファイアーガール」と呼ばれていた仕事で、夕方の六時から十一時半まで各階の見張りをするのだ。まず、絶対座ってはならない。煙草を吸う人が多かったので、火災を一番恐れていた。また一種の救済事業だったのかも分からない。占領軍と日本政府の両方が給料を払っていたのか、結構いい収入だった。

ノートの小さいのを持って暗記したり、語学の復習などにはもってこいだったが、あまり読書に夢中になると、お目玉だった。優しい人がいたり、意地悪さんがいたり、でも女性ばかりなので気が楽だった。

私はこの宿舎で一番偉いミス・グリーンという大佐にとても可愛がられた。キャサリン・ヘップバーンそっくりの男性的な美しい人で、終始チョコレートやクッキー、時には内緒でそっと部屋へ招き入れてお茶をご馳走になった。敗戦国民というだけでも哀れなのに、私がそれにもまして悲しげで弱々しかったせいかもしれない。ご自分のお誕生日に私の母を呼べとおっしゃって、はるばる明石から母をお祝いの席に招んでくださった。この方はユダヤ人だったらしく、何だか軍の内部でユダヤ問題が起こり、急な除隊、そして帰米なさったのだが、私を連れて帰りたいとまで言ってくださった。帰米後は高校の教師をしていらっしゃった。

勤務が終わると仮眠して、一番電車で帰寮、朝食をとって学校へ。講義中居眠りばかりしていたと思う。でもこのアルバイトで随分助けられた。グリーンさんの他にも何人もの人が「マイフレンド」と呼んでくださって、帰米の際には洋服や靴などたくさんプレゼントされたのだ。それらを池袋闇市でお金に代えたり、また山梨の疎開先で知り合った当時一番の流行作家、堤千代女史のところへ持ってゆくと、大喜びで莫大なお金をくださったのだ。級友はみんな私があまり素敵な服を着るので、九州の山持ちのお嬢さんと思っていたらしい。

堤千代女史

堤先生は『小指』でデビューされた作家で菊池寛さんの愛弟子だった。彼女は先天性心疾患、正確に言えば僧帽弁狭窄症で、チアノーゼ、大鼓撥指、四肢浮腫、息切れと医学の教科書通りの典型的な病人だったが、それでいて流行作家としては当代一流で大変なお金持ちだった。女中さんが四人もいて、いつもいつも山海の珍味が並び、気に入らぬとお膳ごと引っくり返して「茶漬けを持て」と叫ぶ暴君でもあった。病気のため一日しか学校には行かず、家庭教師によって教育を受けたそうだ。

堤先生は女子医専の生徒に興味をもたれ、疎開先が同じ豊村だったことも手伝って、いつとなくお近づきになっていた。女子医専の言葉がお好きで、私たちが常日頃使っているハイラーテン、エッセン、メッチェン、タンテ、ハルン、コート、ゲルハウト、ナハツ、ニヒツ、クランケ、ズイッツェン、リーベン、タンツェン、何でもかんでも覚えて、使って、楽しんでおられた。当時は東大の学生で福留理一さんという方が教えたり、お手伝いをなさっていた。また実子さんという先生の崇拝者が、全身全霊で先生に仕えていた。多忙になると私も呼ばれて、大学ノートに蚯蚓《みみず》ののたくったような字から原稿用紙へ清書するのを手伝った。

隣室で雑誌記者が待っている。句読点を多くしたり行を変えたりして原稿用紙の増幅をはかる。結構面白いお手伝いだった。

堤先生の家は大映の永田社長の家の離れ（といっても大きな二階家）だったので、時には永田邸へ招ばれて横山大観の大きな絵を見せていただいたり、見たこともないご馳走にありついたり、田舎育ちで世間知らずの私は、驚くばかりの世界を垣間見たと言える。堤先生は間もなくこの福留さんと結婚され、そのお家の世話として弟妹の進学の面倒を全部見てあげた。そして理一さんは鹿児島出身でアメリカとの二重国籍だったので、先生亡きあとは日本を離れてしまわれた。

母と私の発病

勉強に追われてアルバイトに疲れて、またたく間に四年あまりが過ぎ、卒業の見え始めた頃、母が発病した。長年の療養生活の末に死亡した姉の結核に感染していたのだ。夏休み、冬休み、試験休み、すべて母の看病に専念した。当時はストレプトマイシンやパスなどの結核薬は入手しがたく、多くの人がＴＢ（結核）で倒れていったのだ。梅木の兄もその魔の手ですでに他界していた。

母は本当のキリスト者だったと思う。ただ黙々とエゴイストの父に仕え、七人の子を育て上げた。強い母だった。ただ、真の信仰を持つ人は冷徹でもある。

私たちのことについては、何一つ指図がましいことは言わず、そっと見守ってくれていたが、彼の戦死後、私のとった生き方についてはまったくのショックだったんだろう、心から泣いて詫びてくれた。

「二人を幸せにしてやれなかった。なにか方法があったろうに、してやれなかった」と。そう、神に全面的に帰依している人は、人間的に冷たい面もある。私は、もっと早く一緒に泣いてくれる母が欲しかったのだ。

年老いた母、これからは少し楽をさせてあげたい、と思う矢先、今度は、私自身がＴＢの烙印を押された。おそらく母から感染していたんだろう。左上葉にある拇指頭大の空洞。教授たちは口を揃えてロベクトミー（肺葉切除）の適応だと説得される。

今さら休学して、長い闘病生活に入る意味がある？　何のため？　誰のため？　もちろん答えは「ノー」で、私はまったく自然に任せる決心をした。世を去るもよし。癒ゆるもよし。成るがままに、あるがままに。

微熱と倦怠感が続き、アパートで安静にしている私のところへ、同じ班の友が交代でノートをもって訪れ、その日の講義をしてくれた。

試験の当日は「できた?」「できた?」と気を使って、わざと試験用紙を見えやすくしてくれたり(恐くて盗見《カンニング》はできなかった)、ほんとに有り難かった友よ! たくさんの友人の思いやり、親切のお蔭でやっと卒業できたんだと思う。昭和二十五年三月十五日の卒業式はまた、母の葬式の日でもあった。

インターン

半病人の私には、まだ一年間のインターンが待っていた。国立大久保病院(元陸軍病院)の破れた天井を眺めて、ほとんど寝たり起きたりの療養を兼ねた生活だったが、男子四名、女子一名の同僚は、ユニークないい人ばかりで、悲しみの上に病魔まで背負った私を励まし力づけ、楽しい日々にしてくれた。住み込みだったので食住の心配はなく仕事の責任もなく、それでいて医者の卵として少しは大事にされ、有り難い一年だった。

個性豊かな面々だったが、中でも内田君は素晴らしい。広島医大に合格はしたものの、農家の二男坊で「学資は出せない」と言われて、思案のあげく医学誌に広告を出したのだ。曰く「親を求む」。するとなんと、はやばやと明石市から応募者あり。診療所を経営しているが、後継者なし。五年間面倒を見るから、あとを継いで欲しいという人がいたのだ。

契約が整い、そして五年間援助を受け、無事卒業。インターンとなって初めてご両親にお目通りしたと。約束通り診療所を守り、大きな病院にまで育て上げ、ご両親の面倒もしっかり見てさしあげご立派だった。

双生児の男の子二人に恵まれ、「博愛」からとって、長男は博一、次男は愛二と名づけられた。下のお子を私にくださるというお気持ちで、感謝していたところ、愛二君は軽度だが知的障害があったのだ。でも不思議、とてもきれいずきで、成長されてからは広い病院の隅から隅まで清掃を一手に引き受けられ役立っておられた。

内田君は、小さくてもいい、愛二君のような人たちを収容して、生活できるような施設を作りたいと夢見ておられた。医師会の会長とか警察医とか、公的な面でも活躍されていたが、ある時瀬戸内海に釣りに行かれて、残念なことに水死された。小さな島でボートの横付けが難しいのを見て、「大丈夫、泳いでゆくよ」と飛び込まれ、冷水のショックで心麻痺を起こされ一瞬だったそうだ。

大柄で頑健な方だったのに、立派な方だったのに、神の御心が分からない。

今一人、岩本凡夫君、この人は夏目漱石とディッケンスをまぜ合わせて二つに割ったような軽妙、洒脱なお人柄で機知に富んでおり、日本人には珍しいらしい方だった。医者にはもったいない、文学の方へ代わられたらと幾度も進言した私である。彼は一時、保健所の医務課長をされていたことがある。管内で赤痢が大流行したことがあり、その治療で大活躍をしたら、よく働いたと表彰されたそうだ。そして、翌年、翌々年と予防につとめた結果、全然疫病発生を見なかったところ、お前のところはダメだ。サボっていると、お叱りをうけたとか。結局、お役所仕事、官吏根性に嫌気がさして辞めてしまったと聞く。

そして皮膚科医院を開業。当時皮膚科は外科医が兼職する事が多かったので、独立の皮膚科は珍しく、大繁盛。とても勉強家の彼はすべての疾患にきちんきちんと病名をつけ基金に提出。するとこの病名でこの薬は駄目とか何とか、どんどんけずられ、戻されてくる。頭にきた彼は、ふと考えた。「湿疹」とついた疾患は一つとしてけずられていない。そうだ、みんなみんな湿疹にしよう。そして何百枚とある請求書すべてに、「○○湿疹」、「○○湿疹」とつけて提出した。基金ではびっくり仰天、困り果てて「先生何とか他の病名も考えてくださいませんか」と言って来たとか。大笑いして聞いた実話である。

振り向けば右も左もぢいとばあ憂たけかるらむ近未来かも

ある年の年賀状にあった彼の歌。三十数年も前から現在を予見していた彼。晩年は歯科医の息子さんにあとを譲られ、悠々自適なさっていたが、長年の大酒のせいか肝臓を悪くなさって逝ってしまわれた。

私を除いてたった一人の女医であった土井さんは、姫路の山奥の大きな素封家《そほうか》のお嬢様だった。そして男子四名の中、一番無口で鬚面《ひげづら》で、目立たないお人柄だった垂井君とインターン卒後すぐ結婚された。好き合っていらしたなんて誰も気づかなかった。けれど結婚間もなく結核になられ、はやばやと亡くなられた。垂井君はその後、再婚されたが、またも早逝された。今は一番年若だった多木君と病弱の私二人だけが残っている。

聖隷病院

昭和二十六年三月、インターンを国立大久保病院で終え、第十回医師国家試験をパスした(○×式で楽勝)。保証人だった賀川豊彦氏へ挨拶に伺った時、「病気療養も兼ねてしばらく浜松の聖隷《せいれい》病院へ行きなさい」と言われた。私は有り難くそのお言葉に従うことにした。左上葉の空洞はまだちゃんとあるし、普通の勤務は到底無理だったのである（誰も雇ってくれない？）。

聖隷病院の前身は聖隷保養園といって、浜松市で洗濯屋さんを営んでいらした長谷川保氏という敬虔なクリスチャンが作られた結核療養所である。街中に捨てられる肺病の人たちを一人二人と拾ってきて、自宅の物置で世話しているうちに、どんどん増えてしまったので、県と交渉して、当時はうっちゃらかしてあった三方原の荒野を安く払い下げてもらい、松林を切り開いて、その松でログハウスを数十軒作り、大気安静療法を目指したのだ。

国民病であった肺病にとって、当時一番よいとされた治療法である。キリスト教会が母体で教会員全部が奉仕。初めの頃は経営困難のため、患者さんの食べ物を煮直して、おじやにして生をつないだときく。徳川家康と武田信玄が戦った古戦場は縹渺《ひょうびょう》とした原野で、清やかな空気と温暖な土地、松の霊気がいっぱい、病院としては最上の土地だった。

健康保険法とか結核予防法とかは皆無の時代、従業員である教会員は全員奉仕だけで報酬はゼロだった。どうしてもお金が要る時は事務所へ行くと箱があって、そこから必要なだけ取り出してくる。嘘でなく本当の話だ。でもいつしかこの箱が空っぽになることがあまりにも多かったので、話し合いの末、お小遣い制に改め一カ月九八〇円ということになった。私が赴任したのがちょうどこの時期だった。

私はクリスチャンの端くれだったので、無論九八〇円組に入った。少しずつ、少しずつ病院の形態を作って、医局というものもでき、医者が数人、院長ももちろんいらした。その方たちは世間並の給料が出たので、九八〇円組の人などからは「高級奴隷」と命名された。病院経営の実権は教会にあり、看護婦一人動かすこともできない医師たちだったから。

院長は結核専門医として、とても優秀な方だったが、腎性高血圧症でいつもむくんだ青白い顔をされていた。院長付の女の子がある日そっと教えてくれた。「院長は静岡県で三名いたという徴兵忌避者の一人で、三ケ日《みっかび》の山奥のお祖母さんの家の屋根裏に三年間潜んで、敗戦を迎えられた方だと。その時の生活が原因で腎臓を悪くされたんだと」。

ほんとうに驚いた。臆病なのか、意志堅固なのか？

この方は私の胸の空洞をなんとか治そうと、胸部でなく腹部に空気を入れ横隔膜をもち上げ、肺を縮少させて空洞をつぶす、当時では珍しい「気腹」という治療法を試みてくださった。ところが私は病弱で横隔膜が弱かったのか、穴が開いてすごい圧の空気が胸部へ侵入、危く絶命するところだった。急遽、気胸器を逆に使って肺をふくらませ一

女子医大医局にて。義父の遺言と、夫の思いやりを
無駄にせぬために目指した医師

命はとり止めたが、恐らくこの時の高い圧力で私の空洞は運よくつぶされて治癒に向かったのでないかと思う。

院長は三年後、私が母校内科へ帰ったのを喜んでくださって、わざわざ上京、私の下宿へお泊まりになった。信大時代の先輩を頼み、懸命におもてなしをしたその夜、ゴウ、ゴウと鼾《いびき》をかかれるのを聞いて「きっともの凄く血圧が高いのよ、明日は絶対病院へお連れしましょう」と話し合ったのに、忙しいからとお帰りになってしまった。

そして数日後、訃報が届いたのだ。悔やみ切れない悲しい思い出である。

その頃、長谷川氏は信仰だけでは足りないと思われたのか、社会党へ入って代議士となっておられた。賀川豊彦氏も内閣の参与とか何とか、とにかく社会党のブレーンとなられて、戦前戦後の社会の歪みを懸命に正そうとされていた。現在の社会福祉の根幹となっている法律の多くはこの時、この方たちのお力でできたんだと私は思っている。

生活保護法、結核予防法、売春防止法、精神衛生法、老人福祉法などなど。

面白かったのは男護夫《だんごふ》さんと呼ばれた人たち。精神病院から出た人、刑務所出所者、知的障害のある人、これらの人が、山あり谷ありのログハウスへ食事を運んだり、痰壷洗いをしたり大変役立っていた（もちろん看護婦さん指示の下だが）。頭の下がる思いだった。長谷川保氏は本当に勲一等にも価する人だと思う。

ご本人は天に財を積む方なので、一切お受けにならなかった。昭和二十六、七年は共産党もまた大元気だった頃である。もちろん、聖隷病院にもその赤色の嵐は吹き込んでいた。

教会が患者の上前をはねている（予防法が施行され初の補助金が出ていたのだろう）、経理を公開せよ、などなど。そこで長谷川さんはその人たちに全従業員の自宅を自由に見せたのだ。私もちょっと興味があって、長谷川さんの自宅を見にいって驚いたのなんのって、家中の箪笥《たんす》は空っぽ。わずかに入ってるのはララ物資（アジア救援公認団体が提供していた日本向け物資）の変チクリンな洋服、お布団は薄い薄い幅二尺にもならない細長い木綿もので、寝返りも打てない。そして板の間、畳一枚見当たらない。客間の畳部屋を占領していたのは、私だけだったのだ。教会員全部が同様であった。

赤い人たちもおそらく言葉が出なかったと思う。私の居室の隣りに時々東京から来られる山崎道子氏という代議士がおられた。とても勉強になった。まったく知らない政治の世界のお話をたんまり聞けたのだから。このご主人は、日本がインドネシアを占領中、軍属として従軍し、終戦時たくさんあった例の一つ、現地女性と結婚してしまわれたのだ。子供さん、奥さんと日本へ帰られたが、山崎女史は、お子もなかったので身を引いて、ご主人を祝されたと聞く。偉い方だと思う。でも私だって、同じ立場に置かれたら同じように処していただろう。

政治の世界は泥沼。きれいでいようとしても朱に交われば赤くなるの喩《たと》え通り、白くしてはいられない。大変な世界を知り、すっかりすっかり政治家が嫌いになってしまった。後年「なん党のなんでございます」と電話のあるたびに、「私、泥棒の次に政治家が嫌いなの、ガチャン」とやって、有名になってしまった。

信州大学

聖隷病院の医局の隅っこで小さくなっていたのにもかかわらず、医者仲間から「無給で働く方がいると、どうも我々がやりにくい。一度ちゃんと月給もらって、寄附されればどうですの」なんて言われてちょっと辟易《へきえき》してるその時、信州大精神科の西丸教授から「うちへ来ないか」とお誘いがあった。学生時代から西丸教授に心酔していた私は、天の声とばかり舞い上がった。

最終的に何の医者になるかは決めかねていたが、精神科だけは医の根本と信じ、勉強してみたかったのだ。まだ胸部の影は消えず大学の採用は無理だったが、研究生となって医局へ入れていただいた。

アルバイト先の松岡病院に一室をもらい、大学へ通う生活が始まった。大きな病院で入院患者も多く、とても勉強になった。妙な不思議な変わった出来事にもぶつかったが、それは別項で書こうと思う。信州大での二年間は落ち着いた有り難い勉強環境で、体力も次第について死の影も遠のいてきたと思う。また、児童相談所の嘱託などもさせていただいて福祉に目を向ける端緒にもなった。

西丸教授は島崎藤村の甥で本家西丸家を継がれた方。弟さんも精神科医、東京歯科医科大教授で、学会などでお二人が丁々発止とやり合われた時など、微笑えましかったものだ。

アルバイト先の松岡病院での食事が良過ぎ、トンカツ攻めで、とうとう肝炎になったことがある。連日ゲェーゲェーやってると、教授曰く「梅木さん何か言いたいことを我慢してるんでしょう。だから吐くんだ。言ってしまいなさい」。そして、数日して真っ黄色になり、シーツが汗で黄になるほどひどい黄疸になった。十二月三十一日に信大病院へ入院した。しかし年末、正月、全然診察なく、冷たいお雑煮に耐えかねて勝手に退院してしまった。松岡病院で責任を感じたのか「崖の湯」という温泉へ入湯治療を手配してくださった。ちゃんと付き人をつけて。そして大雪となり、山から降りられなくなり、十日以上も毎日毎日小松菜のお味噌汁をいただいたら、あら不思議、黄疸は消え、肝炎が治癒してしまったのだ。食餌療法の効果大なり。

体力も次第について、さて何科の医者になろうかなと思案し始めた時、西丸教授から話があり「梅木さん勤めてみませんか。埼玉の毛呂病院から一人よこしてくれと言われてるんだが行ってみませんか」と、断ることもできずちょっと覗いてみることにした。大きな大きな個人病院で、後の埼玉医大の前身ともなった病院である。

応接間で待っていると、朝礼か何かの会合を隣室でやっていて、話が筒抜けに聞こえてくる。

「第○病棟の階段は真ん中が擦り減っている。両側を歩くように」。びっくりしてしまった。一事が万事という言葉がある。こりゃ、たまらん、こんな院長では私なんかとてもとてもと、有り難くお断りした。

三神内科

まったく偶然、母校東京女子医科大学（元・東京女子医学専門学校）の三神内科の級友が「帰ってこないか」と声をかけてくれた。そうだ、やっぱり内科をやらねば開業できない。ステトコ（ステトスコープ・聴診器）も注射針もあまり持たなかった二年あとで、不安ではあったが、内科へ移ることにした。

三神先生は当時日本の女性ではただ一人の内科教授で、その美貌と才媛は学生時代から有名な方であった。附随して伝説もある。お若い時一度結婚なさったが、お母様が「うちの娘は家庭の主婦などさせておくような娘でありません」と生木を裂いて別れさせたんだとか。そしてそのお相手も大学の内科教授となっておられる。不思議ですが本当。

当時女子医大は榊原先生という心臓外科の方がいらして、日本中から患者が押し寄せていた。当然手術の適応外の人も多い。そんな人々を三神内科は榊原外科とタイアップして一手に引き受け、循環器内科となっていた。

その頃は心電計も自動ではなくいちいち現像しなければならず、暗室へ疾走することがあまりに多かったので、とても足が速くなった。入局したといっても身分は研究生で無給。一年たってようやく「無給副手を命ず」と辞令をいただく。生活は土日の当直などのアルバイト、食事は病院食を無料でいただける。マーガリンでご飯をいためてお醤油をかけ、沢庵でもあれば上等。あまり痩せ細っていたので梅木細子先生と呼ばれた。当時、皮膚科には細木梅子先生がいらした。私の体重は多分三十七キロを切っていたと思う。でも、長期入院している患者さんは「先生いつ当直？　うなぎを差し入れしますからね」と気を遣ってくれ有り難かった。

痩せていたのは、栄養面だけでなく、結核のせいもあったと思う。けれど、それは

東京女子医科大学医局にて

ひょっとして飢餓療法になったのかも。インドやチベットでは、現在でも癩《らい》病や結核にこの治療法が使われていると聞く。おそらく最低の状態にもっていくと、細胞の免疫力が増大し、菌を死滅させるのかも。ストレプトマイシンもパスも使わずまったく自然に任せたのに、病巣は完全に石灰化していた。

ようやく有給副手にもなれて、一万円の月給をいただけたのは卒業後七年目だった。けれども大学のよいところは研究がいくらでもできるという点。どんな高価な試薬でもどんどん買っていただける。私はスイスから取り寄せていただいた。

三神内科が全体で取り組んだのは、右心カテーテルといって腕の静脈から一メートルくらいのカテーテルを右心房へ入れ、心房心室の圧を計ったり、血液のガス分析をやって心臓内部を精査する研究だった。五人一組でおのおの分担して行う。オペレーターはX線を浴びながらの仕事なので、若い人には向かない。当然、最高齢でこれから結婚したり子供を産んだりに縁のない私が当たることになる。うまくカテーテルが入らない時は数十分もX線を浴びっぱなし。今のように上等のプロテクターなどありません。白血球が三千を切りそうになって、輸血でしのいだこともあった。でもこの仕事は百例近く成功例ができ、日本医学会総会、循環器部会で報告の栄に浴した。でもこの時私はスタンドスチール（壇上で立ちすくむ）という赤っ恥をかいたのだ。

東京と大阪はいつでも競争相手、宿命である。時の大阪大学には真鍋という教授がいらして、ことごとく女子医大と対抗していた。この方が質問に立たれ「お前の研究はそれほど価値あるものと認められない」といった趣旨の発言をされたのだ。私はまったく返答のしようもなく立すくんでしまった。私の教授も助教授も、助っ人に立っていただけなかった。階段講堂のはるか頭上の方から、榊原先生が援助の手を差し伸べてくださって「私が返答いたします」と。この時の有り難さは終生忘れ難い。晴れ舞台に立たせていただきながら申し訳ない思い出である。

博士号取得、開業医へ

私の胸部疾患をずっと見てくださっていた呼吸器内科の大石助教授が、ある日おっしゃった。「そろそろ開業のことを考えた方がいいでしょう。空洞も消えて病巣も石灰化したし、いつまでも医局におられるはずもないし、そして開業するにはやはり博士号をとっておいた方がいいでしょう」

臨床でチーテル（学位）をとるのはちょっと難しいというので、基礎医学、生理学の方へ方向転換することになった。担当の蓑島教授はとても先見の明がある方で、昭和三十二年からすでに老化について目を向けられ、教室員全員にそれぞれ違った方向から「老化の生理とその予防」についてテーマを与え、教室全体が一丸となって目標に向かって邁進していた。

私に与えられたのは、正常な男子血漿《けっしょう》へパリン値に関する研究である。血液は当時売血が盛んだったから、血液銀行へ行けばいくらでも買えた。昼間アルバイトをして夜間の研究生活が三年続いた。実験の操作が複雑で、一回数時間を要するため、もちろん徹夜である。目覚ましをかけてのとぎれとぎれの睡眠は、なんと机の上でゴロリと横になるだけ（男の人たちは寝袋持参で床で寝ていた）。よく頑張ったものだ。明け方、牛乳配達人のたてるガチャガチャという音で目覚め、後片づけをして一番電車で帰宅する。そしてアルバイトへ。

台湾の人でチーテル（学位）が取りたいため三人の研究員を雇い、実験はすべて彼らにやらせてデータのみとって、それで学位を取得された人がいた。葉書を一まわりも二まわりも大きくしたのに「医学博士号取得」のお知らせをいただいた時、やっぱり中国人だなあと唸ってしまった（私の大学の話ではない）。

昭和三十五年、やっと待望の学位がいただけた。弱虫で泣き虫で引込思案で、自信欠乏症の私も、こうしてようやく一人前の医者となったのである。卒業してちょうど十年たっていた。

生活のため色々なところでアルバイトをしたが、なかでも池袋の赤心堂病院と井の頭の寿美病院では、本当に医者、特に救急医としての技量と根性が養われたと思う。井の頭公園は何しろ自殺の名所で、その目の前の病院が寿美病院だったから、救急車ばかり相手にしていた。

たいていは内服薬と注射だったが、時には小外科もやった。その寿美病院の事務長さんがある日、「先生、公団で土地を分譲するそうですよ、二人で申し込んでみましょうよ。当選したら半分っこしましょう」と。この冗談で当選。ところが寿美さん曰く「あんな田舎は遠慮します」。

お金は全然なかった。何しろ研究生、無給副手助手と、ほとんど十年間ただ働きみたいだったから。しかし医者という職業は恵まれている。銀行がお金を貸してくれる。国民金融公庫は、亡き人の遺族年金を抵当に大幅に援助してくれた。そして本当に有り難かったのは、亡き人のクラスメートが助けてくださったこと。遺影の前で涙にくれた私である。

私は一人で生きてきたと思っていない。姿は見えなくても、いつもいつも亡き人が近くにいて見守られている。困った時、苦しい時は必ず話しかけ相談する。だからちっとも寂しくなかった。また仕事柄、自分にかまっておられる時間もなかったんだろう。小さな小さな開業医だが、お義父様と靖之さんのお蔭で一人立ちでき、また、世の中のためにも尽くせる。感謝でいっぱいだった。お金儲けなんて考えもしなかった。ただ誰かの役に立てるなら、それだけで満足。

救急医療の体勢など全然なかった時代、夜中に困った人はみんな私のところを訪れたし、ようやく走り始めた救急車も「梅木先生と小松先生が最後の頼みなんです」といって、深夜ピーポーピーポーとやってくる。小松先生も近所の開業医だった。喘息発作の人を一晩預かったり、異物摂取の嘔吐下痢を朝まで診たり、もちろん入院設備はなく、無料奉仕である。開業医として当たり前のことと思っていた。

老人の国、日本

昭和三十六年、国民皆保険の日が来た。誰も彼もが医者にかかれる時代。武見太郎日本医師会長、ご奮闘の結果だ。開業医全盛といってもよいほどの時代が来たのだ。待合室は常に超満員。道路に並ぶ人さえある。

内科医局時代、教授のおっしゃった「内科へ来る人の七割は放置しておいてよい患者、経過を見るだけでよいクランケ」というお言葉そのまま、猫も杓子も医者を訪れた。当然収入は激増、あまりにも儲かるので、いささか良心が痛み始めた。薬屋さんで福祉関係の理事をしておられた方に、「どこかご奉仕するところないかしら、罰が当たりそう」と言ったら、喜んで八王子山奥の養老院を紹介してくださった。

一週間に一日、休診日を使ってここで奉仕を始めた。老人ホームなんて素敵な名はまだなく、養老院である。医者仲間から「アンタ、なんでそんなところへ行っているの？」と訝《いぶか》られたこともある。侮辱の意もあったかも。

入所者の経歴は様々だったが、概して無計画、無頓着に生きて、老後の貧窮に耐えられなく収容された人が多かった。荒々しい言動と卑屈な態度、見る方が辛かった。人はみな一生の生きざまが老年になり集約反映される。

しかし、世の移り変わりは早い。老人福祉法とか何とか法が施行され始めるや、国や都からの補助金がぞくぞくと配られ、老人はもはや厄介な社会のお荷物でなく、老人産業として生産の一翼となってきたのである。

老人病院は乱立、老人は金のなる樹として大切に扱われる。養老院という言い方も改められ老人ホームとなり、収容者はお客様、そしてついに「お前たち、オレたちのお蔭で月給もらってんだろう？」と曰《のたま》う人も出てきた。

八十歳になると都から羽根布団が贈られ、六十五歳以上の方へはスポーツ選手の使うような厚いタオルが支給される。老人は困っていた。しぼれないのだ。旅館でいただく薄いヒラヒラしたのが使いやすい。そして年に何回かはデパートへ行って好きな衣服を買うようお金が贈られてくる。もはや持ち込まれる古着などは、一応有難うと受け取ってくず屋へ直行となる。

ある三月の決算期、栄養士さんが「ちょっと先生、見てくださいよ」と、物置きを開けると、天井まで積み上げた「本みりん」の木箱であふれている。予算が余って困った挙句、みりんを買い込んだのだという。十年でも使い切れない。

そして傑作なのは医務室が空っぽになったこと。何しろ毎朝九時になると近くの老人病院から「高血圧の方、風邪ぎみの方、いらっしゃいませんか」と、老人を拾いにマイクロバスが訪れるのだ。老人たちは喜々として車へ乗り込む。ちょっとしたドライブを楽しめるし、病院に着けば「いらっしゃいませ」と大切に迎えられる。

医務室は浣腸だの爪切りだの看護婦さんで間に合う仕事ばかり。医者はもう不要。私はさっさと辞めてしまった。でも二十年近くは行ったと思う。

経営者のお坊様が「もうこれ以上、お金やモノは要りません。老人たちをわがままに図々しくするだけです」とおっしゃってたのが印象深い。

休日診療制度ができたのもこの頃だった。市立病院がまだそれほど機能充実してなかったのか、開業医にお鉢が回ってきた。年末の医師会総会でこの話が出た時、何と誰一人名乗りを上げなかったのだ。私は「どなたもおやりにならないなら、お引き受けします」と、一月一日の診療を受けた。

お正月、まさかそんなに来ないだろう、の予測は外れて、くるわくるわ、千客万来、お茶飲むひまも昼食とるひまもなく、百人近い人たちを診て、バタンキュウの一日だった。でもその後が愉快。「正月早々診ていただいてどうも」と、お菓子や果物を持ってお礼に来られる方が多く、処置に困りご近所へ配り歩いた。終日騒がしくさぞ迷惑だったろうと思って。

そしてお正月明け、びっくり仰天したのは黒服のお偉いさんたち（立川の第八方面機動隊本部？）が十数名ゾロゾロといらして最敬礼されたこと。三多摩地区で初めての休日診療だったのだ。もちろん保険収入は莫大だし、お菓子はいただくし、第八方面からは敬礼されるし、有り難ずくめの休日診療。以来この制度は定着して、医者乱立の地区ではとり合いっこの状態になったとも聞く。

医療制度が整い健全な人たちが増えると、働きに出る人も増え、収入があると自然と楽しみも増えるのか、結婚する人が少なくなって、しかも晩婚化してきた。したがって子供の数はみるみる減少し、家庭の主婦は暇をもてあましてバイトにいそしむようになる。どの家も空っぽか、老人だけがポツリと取り残され、昼間の街はまるで死の街だ。夕方になっても、子供の泣きさわぐ声とか食器のふれ合う家庭の音というものは消えてしまった。出来合いの美味しいお総菜がいくらでも手軽に買えるので、台所に立つ主婦も少なくなってくる。

もはや年老いた人は邪魔でしかない。こうしてわが街でも必要に迫られて特別養護老人ホームが作られることになった。嘱託医の公募に応じた私は、ホヤホヤのピカピカのホームを受け持つことになった。

お給料は要りません、ご奉仕しますと申し出たが、公立なのでそれはできなかった。五十人の老人に対し従業員が五十人という贅沢なホーム。しかも寝たきりの介護5、なんて人は数えるほどで、シャンシャンと歩いている人が多い。ただし、こういう人は概《おおむ》ね老人性痴呆症、おっと今は認知症で自分の名さえ定かでない。頭が空っぽになり悩み《ストレス》がなくなると、身体の方はピンピンになるようだ。そしておかしなことに、昔々覚えたことはしっかりと記憶している。お琴を弾かせてみて、「六段」がバッチリだったのには驚いた。しかし時を構わず「お世話になりました。実家へ帰ります」と徘徊、無断外出されるのには閉口した。

ある老人は監視の目がちょいとそれた隙《すき》に、京王線の駅まで行ってしまう。そしてどうやって行くのか分からないが、京王線終点の新宿駅からたびたび電話がある

「またお宅のお客様を保護してます。どうぞお引き取りを」

駅員さんの話では、改札口では前の人の背中にピッタリくっついて通るんだろうとのことだった。近頃、高速道路の料金所を通るたびに思う。前の車にピタリくっついていたらあのバーはそのまま通してくれるのかな、と。試してみたいものだ。

そして、とても不思議だったのは、こういう施設でも公職選挙はガッチリと施行され、苑内の一角に物々しくしつらえられた選挙場へは、車椅子でヘルパーに押された人たちが順々とやってくる。大きく口をあんぐりとした人がまわらぬ舌でポスターを指し「あのキレイな人、キレイな人」と叫ぶ、思わず「うーん」と、唸ってしまった。不思議の国日本！

公立なので看護婦さんは定員四名、けれど常に二人しか出ていない。「どうしてなの？」と聞くと、準夜明けだの生理休暇だの有給休暇だのをこなしていると出勤できる日はわずかとなり、四日も休んで出てきて、おばあちゃんたちの名も顔も忘れちゃって困りますと曰うた。

そういえば市立病院の医者がこぼしていた。看護婦はたくさんいるんだが、出てくる

のが少なくていつもいつも不足なんだよって。市役所もそう、電話をかけると「今日お休みです」と言う。「仕事も引き継いでないの？」と聞くと「え、自分の引き出しの中へ入れて鍵がかかっているので駄目です」となる。仕事が少ないのだろうか。回ってきた仕事はしっかり掴まえて離さないのだ。ああ公務員天国日本！

老人病院が雨後の筍《たけのこ》のように増え始めた。家族制度の崩壊が老人の居場所をなくしてしまい、老人ホーム、老人病院が終《つい》の栖《すみか》となってきたのだ。その大半は山奥の人里離れたところにあり、緑豊かと言えば聞こえはよいが、見えるのは杉の山並みだけ。今は鳥の声もない。大規模で千名もの入院患者を抱える病院では、人手不足のためにブラジル人の日系三世を雇っていた。ある時、電車の中でそれらしい女の子に話しかけてみた。

「ブラジルではお年寄りはどうしてるの？」

「みんな家にいます。とても大事にします。日本はおかしい。私の働いてるところには千人もいる。毎日どんどん死ぬ。そしてまたどんどん入ってくる。日本のおばあちゃん可愛想。早くブラジルへ帰りたいです」

その頃、同級生の従兄弟が三百名くらいの老人病院を経営していたが、院長、副院長、そろってヴィールス性肺炎に罹患、ピンチになったので週一日でよいから助けてくれといってきた。その困りようにほだされてついに引き受けてしまった。車で片道二時間もかかる山奥だ。一日十万円とおっしゃる。びっくりしてとてもそんなにいただけません、半分でいいです、というと、ではお車代を入れて七万円でと。責任は重かった。大学並みの検査設備もあり、重症者も多く、死亡診断書を書くこともしばしばだった。ところがカルテを見せていただけないのだ。院長室にある鍵のかかった金庫の中だと。外来者には見せられないことでもあるんだろうか。看護婦さんの記録や自身の判断で診断書を作成しながら首をかしげた。

またある時、薬局を覗いてみると、薬の入った紙袋が山積み。「どうしたの」と聞くと、「病室から戻されてくるんです。こんなに飲ませられないって」と言う。

大学からきている若い先生たちが、大学並みにやたらと新薬を処方なさるんだろう。カルテの上では出されていても、実際には服用できていない。この矛盾！

院長たちが快癒され、お役御免となった時、なんと五十万円の商品券が出された。私は、もちろんお返しした。老人病院って経営面でも難しいところなんだなとつくづく思った私である。

老人産業の林立で医療費が膨大となって厚生省が悲鳴をあげ、今度は在宅医療と叫び始めた。往診医療である。ところが往診料は二キロ以内一九四点、再診や老人加算などを加え、また採血やポータブル心電計でも使うと、軽く軽く千点を超えるだろう。本当に在宅の方が入院より安くつくのか疑問である。

いくら超高齢といっても、病院生活を体験して来た人は血圧と聴診だけでは納得しない。ある海軍中将のお嬢様で九十歳を超し、なお矍鑠《かくしゃく》とした刀自《とじ》が「先生、血圧だけでなくもっと診てください」と言われた時は絶句した。息子さんは日本の基幹産業、製鉄会社の元社長で親思い、家中の天井にレールをつけ、車椅子のまま入浴もでき、二階へは階段にエレベーターまでつけて在宅の万全を期されていたのだが、結局無駄になった。医者付きの有料ホームへ入ってしまわれたのである。入院は嫌、というのは表向き、たいていの老人は病院へ行けば死なないですむと思っているのでないだろうか？　あんなに嫌がるように装っていても、入ると同時にニコニコされるんだから。

何だか一人暮らしの高齢者こそ自立度も高く、生活も充実しているように思えてならない。ある八十過ぎの方、一所懸命にいざりながら拭き掃除をされている。ヘルパーさんの来る日なので、汚くしていると恥ずかしいのだという。お茶の用意までなさって、毅然《きぜん》とした態度。

この人はある日、小さな行李《こうり》をもってきて、私に中味を見せてくださった。なんと老人病院の薬袋が手つかずのまま行李いっぱいなのだ。月に一度看護婦さんが届けてくるのだという。「どうしてお断りしないの？」と言うと、「だってわざわざはるばる御親切に届けてくださるのを断れないでしょ」と言われる。「これ、どうするの?」と言えば「もちろんお棺の中へ入れて一緒に焼いていただきます」とのこと。

老人天国日本!

医者とお金

往診医療について色々考えさせられている時、理事会でとんでもない医者に出会った。「僕は今度道を隔てたところに老人アパートを建て、十人ほど入れたんですが、毎日一軒ずつ往診するんです。日を変えないと往診料が取れませんからね」と。こんなことを堂々と理事会で発言なさるそのお心。

この方は薬を多量に、それもあの昔から後発医薬品を使われることで有名だった。また六百万円の外車で予防注射などへ来られ、子供たちが車を傷つけないかと窓の外ばかり気にされる。「小さい車でいらっしゃればいいのに」と申し上げると、「僕は、六百万円の車に乗るくらい価値がある人間です」と曰うた。私は百万円くらいのカローラに乗っていた。そしてまた、流感《インフルエンザ》が大はやりの秋、理事会で同じ流感を百点で診る医者と千点で診る医者がいては困る。低い点数の人たちを集めて、点数を上げる講習をするべきだとも発言なさった。

医療制度は難しい。在宅医療も考えもの、と悩み加減の私へ、またまた飛び込んできた往診依頼。

「先生一カ月か二カ月に一度でいいんです。母の顔を診にきていただけませんか？」

聞けば八十過ぎのお母さんは、足腰こそ弱って、いざり生活だが食欲旺盛、意識明瞭、テレビや読書で楽しく過ごしておられる。ところが友人の紹介である診療所から週一回往診されることになった。看護婦を伴って大きな車で物々しい診療、たくさんの病名をいただいて、それに付随してたくさんの薬、心電図、採血といいたれり尽くせりだ。まず、お母さんが悲鳴をあげた。「こんなに薬を飲んだら死んでしまう。腸の具合も変になってしまった。断っとくれ、丁寧に断っとくれ」と。

お嫁さんも往診の日はアルバイトを休み、手洗いやお茶と忙しい。家中で話し合った結果、お母さんの部屋は戸締まりし「母は三鷹の弟の家へ越しました」と、やっとお断りできたんだとか。

私は、お引き受けはしたものの、二カ月に一回くらい顔を診に行き、あとは電話で様子をきくといった程度にし、その方は九十過ぎまでお元気で、天寿を全うされた。

高齢者で安定した状態の方は、確かに在宅が理想だと思う。急性疾患、急変された時は論外だ。私は何人もご立派な安らかな最期を見守ってきて、私なりに自負し、満足もし、感謝の思いを持っている。

九十歳の男性精神科医で、息子が内科医なのに私に診させてくださった先生。三度の房室ブロックで脈拍が三十そこそこなのに、どうおすすめしてもペースメーカーを入れることは拒否され、「いやー、僕はこの心臓で九十年も生きて来たんだ。これで天寿を迎えますよ」と。本当にその通りになった。

また鳥栖の市長さんだったという方は古武士然としたお人で、寝たきりとはいえ、お布団の中で、ストレッチや捻転、屈伸と自分流の体操をされ、老いさらばえた姿を子や孫に見せたくないと、奥様にだけ全身清拭をさせ、召し上がるものは、明治製菓のクラッカーとハーゲンダッツのアイスクリームだけ。時には果物を少し。こうした方を見ていると、私は栄養学について深く疑問を持ってしまう。この方は、五年間入浴もされないのに臭い一つしないきれいなお身体で逝かれた。毎日の熱いお湯の清拭が素晴らしいマッサージになっていたと思う。奥様も八十歳近く、大変だったろう。あれだけ尽くされたんだ。思い残すことはありませんと述懐されていたのは真実だと思う。

今一人、九十五歳で長男は大阪大学の呼吸器科教授、あとのお子を全部牧師と宣教師にされ、キリスト教の布教に一生を捧げられた方。寝た切りになられてから私が拝見することになったのだが、いつもいつもにこやかにお口から出る言葉は、「ありがとう」の一言だけ。九十歳で始められたという短歌は、優しい思いやりの深いお歌ばかり、歌集も出された。実は、この方に触発されて、私も三十一文字に親しむようなったのである。

老衰で亡くなられた時、初めてご長男の教授が見えて三十万円もの商品券を出された。私は「なにもして差し上げず、むしろ教わるばかりだったんです」といって、ユダヤ人ではありませんが「一割だけいただきます」と、三万円いただいたが、やはり、あとから立派な食器が一揃いデパートから届き本当に恐縮した。どうも私の金銭感覚は医者としては単位が一桁違うのかもしれない。

この頃、「日本医事新報」という医学雑誌に掲載された「老後は六億円必要」という記事があった。その試算内容。

風呂トイレ等改装（一億円）
看護婦三人、三交代一人八時間、一人三十万として（二百四十万円）
検査入院二回（四百万円）
病人食コック一人、マネージャー一人
妻も倒れたとする。二人で十年寝込むと六億円必要。

唖然としてしまった。自分を何様だと思ってるのだろう。この金銭感覚はどうやって生まれたんだろう。どんな生き方をしてきた医者だろう。

そしてこの文を掲載した編集者の常識は？　ああ医者とお金！


医者とお金については痛烈な思い出がある。やはりご奉仕のつもりでガールスカウト、ボーイスカウトに三十年もかかわってきた私。

あるキャンプに参加した時である。すべての行事が終わり、閉会式を待って青い芝生にゴロリと横たわっていたら、五年生くらいの男の子がつかつかと寄って来て、「先生、こんなところまできて医者やってんの、儲かった？」と言ったのだ。

もうもう心底驚いたが「うんうん、儲かったよ。これから富士の風穴へかくしにゆくから手伝ってよ」と言ってやった。

式の終盤「先生、何か一言」と団長に言われ、いつもは断るのだがこの時はスックと壇上に立った。「皆さん、ボランティアという言葉を知ってますか、知ってる人は手を挙げて」心もとなげにパラパラとあがる小さな手。

「今、私は大きな大きなショックを受けました。ある男の子から〝こんなところまできて医者やってんの、儲かったか？〟と聞かれたんです。そんな眼で、そんな推測でこの三十年見られていたのか！　天を仰いで慨嘆したい気分です。診療を休み、救急薬品、注射薬を用意し、食物も持参、もちろん自分の車できています。急病、けがの手当てもすべて奉仕です。保険請求なんてしていませんよ。保険証の写しを預かるのは、大事故で近くの病院へでも運ばれた時のために準備しているんです。私だけではありません。ここにおられる団長さん、リーダーたち、みんなみんな仕事を休んで、ボーイ、ガールのための奉仕なんですよ」

子供たちに分かったかどうか、みんなポカンと聞いていた。

しかし、あとでリーダーたちから「先生、有り難くて涙が出ました」と言われて、ちょっと嬉しかった。純心な子供たちの後ろには若い親たちの眼がある。すべて金、金、金の世の中になってしまったのだ。ああエコノミックアニマル日本！

戦前の日本人はお金に拘泥《こだわ》るのはさもしいこととされ、それ以上にお金はむしろ不《ふ》浄《じょう》のものとされ、「お金のことを言うもんじゃありません」と育てられた。

「武士は食わねど高楊子」の時代だった。キリストの十二使徒の一人マタイだってお金にかかわる仕事を持っていたので、使徒の中でも最下位にいたときいていた。私がお金や物にこだわらない生活をしてきたのは、こういう土壌で育ったせいかも分からない。

だから医者は、開業医は恵まれ過ぎだと、いつもいつも感じていた。断っても断っても盆、暮れの付け届け、旅行してきたからとかいっては珍しいいただき物、美味しいものが作れたからとお菓子や総菜の差し入れ、ほんとうに患者さんに養われているようだった。良心的に一所懸命やればやるほど、こうした恩恵もまた増してくるのだ。

「患者さんには決してお返しはしてはいけないのよ」とは先輩の言葉。でも私は守れなかった。この仕事を与えてくださった亡きお義父様と、南溟に眠りながらなお私を守り導いてくれる亡き人に、ただただ感謝する年月だった。

昭和35年に医院を開業し48年を経て閉院。慣れ親しんだ診察室にて

助けられなかった人々

五十年以上の医者生活の中では、辛い悔い切れない思い出もある。鎮魂の意も込めて書き残したいと思う。

私の手がゆき届かず、一人で生命を断たれた人々のこと。大学医局にいた頃、慢性白血病で入院されていた二十八歳の小海さん。入院当初から白血球数は二十万を超え脾腫も正中線を越えるほど大きく肥大し、その圧迫から常に胃部膨満感あり、食事摂取が困難であった。

あらゆる治療も根治的なものはなく、心の痛む患者さんだった。不治の病と自覚されていても明るく穏やかな方で、病室ではいつも人を笑わせておられた。入院数カ月、白血球が四十万に達し、脾部の疼痛に加え骨の圧迫痛、叩打痛が出現、お苦しそうだった。最後の診療、私の顔をじっと見つめられたその翌々朝、出勤するとすぐ「先生、小海さんが昨夜亡くなられましたよ」と報告あり。期してはいたものの落胆と悲しみに襲われる。ただちに病理解剖、主治医の私はシュライベン（記録係）である。解剖の教授は巨大な脾臓をみて「苦しかったでしょうね。お若かったのに。不思議ね、血液が凝固していないし、とてもきれい」と、ふとおっしゃった。貧血もあったからそのせいかしらと思った。解剖を終え帰院すると、看護婦さんたちがいつになく問いかけてくる。

「先生何かありました？　何か変った点は？」

「なぜそんなこと聞くの？」

「だって小海さん、昨日、月末でもないのに新聞代は払われるし、持ってらした缶詰などお室の人にみんな配られたんですよ。変じゃありません？」

そして十数分後、教授室に呼ばれた。

「あんた、こんなものがあったのよ」

遺書だった。布団の下から出て来たのを、お兄様が届けてこられたのだ。私と教授宛のお礼とお別れが書いてあった。青酸カリによる自殺だったのだ。だから血液が固まらず真赤できれいだったのだ。教授の前であるにもかまわず、私はむせび泣いた。

「お兄さんはこのことをご承知。だからこれは私たち二人だけのことにしましょう」。

遺書は灰皿の中で燃やされた。

最後の診察の時、私の絶望を見定められたんだろうか？　ポーカーフェイスに徹せなかった自分が許せなかった。たった一冊、小海さんにいただいた『音楽の楽しみかた』という本は今も大切にしている。

今一人、この方は戦争にも征かれた陸軍中尉殿で、酒屋のご主人。元軍人らしく背の高い頑健なお身体で一人っ子だったので、ご両親にとても大切にされていた。ところが奥さんは、稀に見る気の強い見栄っぱりのわがままな性質の方だった。なんせ、その街を三百年前に拓いたという大地主、大百姓のお嬢さんだったのだ。

戦後の日本、ほとんどの家庭は主婦が実権をもち、男性はまったく居場所もないほど小さくなっているように見えるが、この家はまさにその典型だった。

幸い八王子と日野に二軒酒屋をもってらしたので、ご主人はもっぱら八王子のご両親の方へ安逸を求められたんだろう。そしてまたそれがご夫婦不和の原因ともなる。

二軒の店の営業と家庭内のいざこざの心労、疲労も重なり、ついに急性関節リューマチに罹患された。ロイマチスムスというラテン語の示す通り、リューマチは紀元前のローマ時代から知られる疾患。二千年経ってもいまだに原因、治療法の確立してない難治疾患である。

この方もあちこちの病院を遍歴されたくさんの投薬を受けられた。鎮痛剤はアスピリンでさえ劇薬の部に入る。副作用がさけられない。鬱病を誘発する薬もある。おそらくこの方もこの範疇《はんちゅう》に入られたんだろう。ご両親も相次いで亡くなられたことも手伝って、ついに排気ガス自殺をされたのだ。なんとかお力になれなかったかと、自分が責められて辛かった。

もう一人、小さな都営住宅で息子夫婦と暮らされていた八十過ぎの方。息子さんたちが新しい仕事を始められ、新居も造り始められ、その間、老人病院へ入られることになった。その夜、なんと自分のベッドで縊死《いし》なさったのだ。色々の不安が重なったのだろう。辛かった。説明不足だった。

そして、今一つ、これは学生時代、初めての産科のポリクリ（実習）の時。妊娠七カ月にもなった方の人工流産である。前日から膣口内に昆布を挿入、子宮口を拡大させ死産させるはずだった。ところがなんと、「オギャー」と高らかな産声で出て来たのだ。一同固唾《かたず》を呑む。一瞬困惑の色を見せた教授は、「死産です」と一言。助産婦さんは赤ちゃんを膿盆に入れ机の下へ置いた。まだギャーギャー泣いている。その時、そっと戸が開いて、お祖母さんらしき人が覗く。「男の子？　女の子？」。

私たちはいっせいに「まだ生きてるのよ、何か着せるものを持ってきなさいよ」と、どなる。「死んで産まれると聞いてたもんで……」。それでも布呂敷のようなものを持ってきた。

助産婦さんは「産湯のけいこでもしようかな」と冷たい水をジャージャー出し始めた。私たちはもうカンカン。「お湯にしなさいよ。せめて、ねえ、お願い」。

きれいになった赤ちゃんは風呂敷に荷物のように包まれてまた机の下へ置かれた。

私たちはワァワァ泣きながら教室へ引き上げた。そして授業が終わるなり一番に産科へ寄ってみた。赤ちゃんはちゃんと死んだということだった。

敗戦後、優生保護法の美名の下に、いったい何千名、何万名、否何百万名の小さい生命が潰されたことだろう。水子といわれる、これら生命の芽の犠牲のもとに今の日本の繁栄があるのなら、なんと罪深い国だろう。

生命は地球よりも重い、なんて言った人の顔が見たい。

平成二十一年三月、開業して約五十年、十年一日のごとく媚《こ》びることなく諂《へつら》うことなく、良心の命ずるままに仕事ができたことに誇りをもって、かえりみつつ医院を閉じる決心をした。親子三代を診させていただき、今や親戚の如き患者さんたち、別れはつらいが引き際を誤って老害となる醜《みにく》さは避けたい。

「先生が寝たきりになられたら、私たちや子供たちがご面倒をみさせていただきますから、遠くへ行かないでください」と言ってくれる人たち。

しかし、私の取った途《みち》は違った。知り尽くした人たちに迷惑はかけたくないし、老醜をさらすのも嫌だった。知らない人たちの中でこそ、ひっそりと心静かに旅立てる。どんなに世の中が変わろうと、私は海軍々人の妻だし、大和撫子の残り少ない一人だと自任している。

死こそ再会の悦び、悔いなき人生の終わりを待つのみである。

五十回忌、洋上慰霊

日本郵船本社には、『日本郵船戦時船史』（日本郵船）というぶ厚い本が二冊ある。それは大東亜戦争勃発から敗戦までの同社所属船舶の膨大な海難記録である。

平成四年一月、亡き人の五十回忌を期に私は粟田丸轟沈の詳細を調べてみた。そして茫然となった。粟田丸に関しては、防衛廠戦史資料室からの転載が簡潔に記されてあるだけで、乗組員については全くの空白であった。

「海軍将兵二百二拾三名」と数字だけで、一人の御名も書かれていなかった。ほかの船は殆ど、全員の名が収録され、名前、階級、出身地まで克明に記されているのに、粟田丸だけは大きく空白を示していた。

これは一体なにを意味するのか。

粟田丸の轟沈は昭和十八年十月二十二日で、米潜水艦の雷撃四本を受け、二分に満たず沈んでいる。陸軍一〇八七名、海軍二二三名が一瞬にして水漬く屍となったのだ。恐らく輸送船の惨事としては、初めてのことだったんだろう。海軍上層部にとっては大きな衝撃であり、厳重な緘口令がしかれたとしか思えない。

それにしても、まだ混乱の度合いも少ない時期、なぜ記録の保存管理ができなかったのか。現に艦長、軍医長などは生還され、昭和四十年、平成三年まで生存されている。お二人とも、この件に関しては一言も喋らず他界されたと、遺族の方は言う。

粟田丸は、敗戦後五十年間、一回の慰霊もされず、二二三名の尊い御名はどこにも記されず、東支那海の四〇〇メートルの暗黒の中に横たわっておられるのだ。

私はもう、申し訳ないのと、お可哀相なのとで、この上はどんなことをしても沈没海域へ行って、お詫びとお慰めをしようと決心した。

この一念が、故人の同期生、日本郵船、水交会、海交会、海上自衛隊、陸軍生存者の方々の温かい励ましを得て、平成四年八月三日、ついに洋上慰霊が実現できたのだ。

洋上慰霊祭のお届

第十一管区海上保安本部長殿

特設運送船　粟田丸遺族会代表　梅木信子

特設運送船　粟田丸洋上慰霊祭、実施計画

謹啓、貴管下職員の皆々様には益々御壮健にて御活躍の事と拝察、感謝と共にお喜び申し上げます。

さて、私共粟田丸戦没者遺族一同は、本年をもって戦没五十周年に当たりますところから、同船の遭難沈没海域にて、陸海軍千三百十名にのぼる戦死者の合同洋上慰霊祭を行うべく、計画を進めて参りました。

貴管区本部諸賢の一方ならぬ御指導、御協力もあり、この度下記の通り洋上慰霊祭を実施致すこととなりました。

就きましては、今後共この計画実施が無事終了致しますす様、御注視、御指導賜りますと共に、必要に応じ直接間接の、御警告等、頂けますよう、宜しくお願い申し上げます。

遭難船名　粟田丸、七三九七屯　特設運送船（日本郵船所属）
沈没日時　昭和十八年十月二十二日　午前三時四十三分
沈没海域　北緯二六度三〇分、東経一二五度五分
戦死者数　陸軍　一〇八七名　海軍　二二三名　合計一三一〇名
慰霊祭日時　平成四年八月二～三日
参加人数　約三〇名（中学生三、高校生三、成人二四名）
集合　八月二日（日）那覇、泊港　十五時より乗船可
出航　八月二日一九・〇〇時（約九時間の航程）
慰霊祭　八月三日早朝より、約二時間
帰港　八月三日（月）一六・〇〇時（ホテル一泊、懇親会、解散）
使用船　大東海運「大東」六九九屯　一六ノット　五五名乗り

平成四年六月二十日

粟田丸戦没者　洋上慰霊祭　式次第

一、開式のことば

二、詠歌「追弔御和讃」　無相会員

三、合掌・黙禱　参列者一同

四、追悼のことば　粟田丸遺族会代表　梅木信子

戦友代表　古田博恒

五、追弔香語・焼香　導師

六、誦経　導師　遺族焼香

七、回向文　導師

八、詠歌「英霊追弔御和讃」　無相会員

九、精霊流し　塔婆・五色旗・供物等を海中へ

十、閉式のことば

平成四年八月三日

以上

平成4年8月3日、粟田丸戦没者洋上慰霊祭を挙行

追悼　慰霊の言葉

祖国はるか、東支那海々上、粟田丸沈没海域に今日私共遺族、関係者相集い、謹んで一三一〇名の、御霊に追悼の誠を捧げます。

思えば、昭和十八年十月二十二日、午前三時四十三分、この海、この場所で、粟田丸は轟沈、陸軍一〇八七名、海軍二二三名が、火柱の中、怒濤のなかに飛散し、海没しました。

僅か一分三十秒という、その最後は、海難史上、類を見ぬ大惨事で、その地獄の様相は想像を絶するものであったと聞きます。

海軍八五名、陸軍七一名、合計一五六名の生存者が確認されましたが、この方達も、その後の戦闘で、散華された方も多く、粟田丸の悲劇は全くの闇の中でした。

今日、こうして確かな海域で、悲しくも懐かしい方々と再会出来ますのは、沢山の方々のお蔭もさることながら、やはり亡き人達の、おん導きと思えてなりません。

轟沈より「四十有九年」――この長い年月、どんなにか、日本の空を恋しがっておられた事でしょう。

声なき声で、呼び続けておられた事でしょう。

遅くなりましたが、漸く、漸く、お会いしに参りました。懐かしい故郷の土、ふるさとの水、祖国の香りを運んで参りました。

さあ！　深い、暗い海底から、早く上がってきて下さい。御一緒に戻りましょう。

日本へ！　御自分のふるさとへ！

皆様の尊い血と肉で贖《あがな》われた「平和と繁栄の日本」を御覧になってください。

痛恨の大惨事ではありましたが、決して、決して無駄な、無意味な犠牲でなく、
愛する祖国の為に、人柱となられた事を知って頂きたいのです。

私たち遺族、関係者は、どのような時代、どのような風潮の世になっても、「国の鎮め」となられた尊い事実を忘れ去る事なく、語り継いでゆく決意です。

安らかに、暖かく御照覧下さいます様、祈念して、追悼、慰霊の言葉と致します。

平成四年八月三日

栗田丸遺族会　代表　梅木信子

第四章　夢に生き、夢に死す

空中遊泳

人生はまさに夢である。たいていの夢よりやや首尾一貫しているだけだ　パスカル

私は幼い頃から本当によく夢を見た。それも奇想天外、荒唐無稽なもので、しかも同じ夢を何度も繰り返し見たりするものだから、つい書き留める習慣さえできてしまった。なんといっても一番頻繁に見たのは、空中遊泳である。これは「ピーターパン」の影響が大であるが、私はちゃんとウェンディ役をこなしていて、弟や近所の子供たちまで引

き連れて、まずは二階の窓から（私の家に二階はなかった）ふわりと飛び出す。そして立ち泳ぎでスイスイと上空へ。あとはクロール、背泳ぎ、平泳ぎと自由自在に大空を泳ぎ回る。遅れている子がいるとサーッと滑空して近寄り、すっと手を出して引っぱり上げる。どこへゆこうとか、何をしようとか、いっさい関係なくただただ楽しい心地よい遊泳。水の中と違って空気にはほとんど抵抗はなく、したがって疲れることのない遊び。天使の翼も私たちにはまったく不要であった。

親しくなった患者さんにこのような夢を見た人がいるかと、何人にも聞いてみたが誰ひとりいなかった。ところがある時、姪の啓子に聞くと、なんと私と同じ夢をやはり何度も見たというのである。嬉しくなって、そして笑ってしまった。遺伝子のなせる業《わざ》か、それとも、二人ともピーターパンの愛読者だったせいだろうか。よく調べたら、きっと大勢いるだろうなと思う。

たった一度、本当に飛んだことがある。七歳くらいの時、鶏小屋の屋根からこうもり傘を広げて飛び降りたのである。私は無事着地したが、一緒に飛んだ弟は腕の骨を折り、父のお気に入りの弟をけがさせて、私はこっぴどく叱られた。

この宇宙遊泳の夢は、何度も何度も見たので習い性というか、変な話だが今でも高い所へ上るとふわっと飛び出したくなることがある。近くにある高尾山など、何回登っても誘惑にかられる場所ではある。

頂上から見下ろす杉木立は、吹き上げる冷風に青い波となって優しくささやくごとく私を誘う。あちらこちらに見られる「烏天狗」がまた夢を膨らませるのだ。

さて、昨夜偶然見ていたスペースシャトルの「エンデバー」の中での遊泳ぶりを見て本当に驚いた。長年の私の遊泳とそっくりなんだから。

強いて言えば、私の方がうんとスマートに、スムーズに泳いでいる（夢の中ですものね）。あと何十年かしたら、シャトルの中も、重力を自由に調節できるようになり、船外や宇宙でもピーターのように自由気ままに、存分に飛び回れる日が来るのかもしれないと、またまた夢を新たにする私である。

少女期になると、がぜん私の夢は優雅になってくる。私の母は京都生まれの美しい人だった。草深い田舎で育った私にとって、京の町、京の人は今も昔も嫋《たお》やかで繊細、華麗に感じられる。その母の幼友たちに、ある宮家に仕える女官がいた。私はその方にすごく興味を抱き、何度も何度もしつこく彼女の話をせがんだ。

ちょうどその頃、高木子爵家の百合子姫が三笠宮家へお輿入れが決まり、おすべらかしの凛々しい麗姿《れいし》が新聞の一面を飾った。私はすぐさま切り抜いて額に入れ、日夜眺め暮らしたのである。そんな私を母は不安な面持ちで見ていたが、とうとうその友の後日談を聞かせてくれた。その人は、長年宮家に仕えている中に、自分まで何となくやんごとなくお高くなっちゃって、誰ともつき合いができず、宮家を下られてからは、まったくの孤独のうちに世を去られたという。

母は私の白昼夢を醒まそうと、多少のフィクションを加えて話したと思う。しかし依然として私の興味は、高貴なる世界から離れることはなかった。

昭和七年、私が女学校へ入学した頃は、前年に端を発した上海事変が徐々に広がりを見せ、満州事変へと拡大していった年である。日本は、一年あまりで満州を制圧し、新しい王道楽土の国と称して満州国を作り上げていた。今にして言われる関東軍の独走横暴、抑圧など知る由もなく、ただ兄弟の国と信じて「チンマンチューユウラチンマンチョウ」とひたすら国歌を覚え、皇帝を迎えた純心な私たちだった。

私の学校のあった加古川は、軍都姫路の隣り町である。強健で有名な第五師団があって、カーキ色の軍服は平時でも見慣れた姿だった。また山陽本線には呉鎮守府へ往還する海軍軍人の姿も多かった。このような環境と社会情勢、純心無垢な乙女が軍国少女に育つのは自然の成り行きだったろう。確か昭和十一年、第五師団の師団長として賀陽宮殿下が赴任され、お召し列車が加古川駅を通過する際、私たち四年生はプラットホームに整列して、窓辺に立たれた殿下と妃殿下を近しくお迎えする栄に浴した。すっきりと立たれた細身の妃殿下の、純白のお洋服と透き通るような臈《ろう》たけたお姿、今も目に焼きついている。あの頃、私たち国民が皇室に対して持っていた心情は、決して遠い雲の上の人ではなかった。

その尊厳性、至上なるものへの畏《おそ》れは別として、自分たちの国日本の総本家、すべての大和民族の代表として敬慕され、たのみとされていたと思う。この憧憬の心がいっぱいの、草深い里の乙女が見た夢がそれを語っている。

私は真白い神主さんのような装束で、お風呂を燃していた。それは新しい檜の香り豊かな浴室で、何と天皇陛下がお入りになっているのである。そしてまた畏れ多いことに、お湯加減はいかがでございますか、なんて言っていた。

一体私の頭の中はどうなっていたんだろう。この夢を母に話したら、すっかりたまげて、「二度と言うでない。不敬罪で監獄に入れられます」と叱られてしまった。これにも懲りないで見た夢は、それこそ荒唐無稽、奇想天外で我ながら首を傾げてしまった。今度は秩父の宮様だった。我が家の奥座敷で多勢の陸軍将校が宴会の最中である。突然、上正面におられた宮様が、つかつかと床柱の前に立たれたかと思うと、パッと逆立ちされたのである。とてもお上手だった。スポーツの宮様ということが深層心理にあったのだろう。これも母に話したからさぞ心配したことと思う。

私の女学校在学中は、日支事変の序曲が奏でられ続けていた。しかし戦場はまだ満州より大きく逸脱せず、兵士の動員も目立たず、銃後という言葉もなかった。有り難いことに平和の裡に勉学の日々が送れたのである。それでも最高学年の四年生は姫路師団で実弾射撃の訓練を受けたり、兵士たちのもの凄い演習を見学したり、戦争を身近に感じ始めていた。

昭和十二年、日中両国はついに全面戦争へ突入した。本格的な戦争となり、日本全体が戦時色に彩られてゆく。

そしてこの動乱の兆しの中で、私たちは運命の出会いを持ったのである。

その人、梅木靖之さんは、私の兄嫁の弟だから姻戚関係だった。当時、神戸高等商船学校は若者たちの憧れの的、海軍士官の養成校として軍律厳しく東の兵学校と言われるほどの有名校だった。義姉も私の両親も二人の交際を望まなかった。むしろ反対していたという方が当たっていたかも。何しろ卒業と同時に海軍少尉に任官、軍人となってしまう将来だったから。そして、反対されればされるほど、私たちのきずなは強く確実なものとなっていった。軍国の乙女、大和撫子の典型のような私、彼はそんな私を愛することで、ある種のやすらぎを感じていたのかも分からない。

亡き人の夢

深江座学の三年間は「全き夢の年月」だった。厳しい勉学の合間を縫って、六甲の峰、淡路の松林、明石の浜辺に遊んだ。今も目をつむれば『嵐ヶ丘』のヒースクリフとキャサリンのように、永遠にさまよう二人の姿が浮かんでくる。それは夢のまた夢、至福の愛の世界だった。

幸せの夢は長く続かなかった。卒業短縮、そしてたちまちの召集、引き裂かれた私たち。そしてわずか一年と六カ月で彼は戦死した。戦死はクラスで二番目、早過ぎた死。

もはや夢でしか逢えなくなった私たち。毎晩毎晩夢に訪れる彼は「元気を出して、生きてくれ。僕たちは一つなんだから。君が生きて思い出してくれる限り、僕は生きてるんだ」とただただ励ましてくれた。

彼はただ一度、夢の中で私に詫びられたことがあった。「悪かったなあ」と一言。

最後の夜のことだったのか……。

貴方はいくらか後悔なさったのね。そのため夢の中であのような言葉が出たのでしょう。なぜなぜ？　私はあの夜がなかったら生きていなかったと思います。貴方の残された妻という誇りがなくて、どうして一人おめおめと生きられたでしょう。心配などしないで、感謝しているんですもの。

昭和十九年九月十日

東京へ来て初めての夢。今井家の二階でうたた寝をしていたら来てくださった。まだお声が聞こえるみたい。息苦しいほどの愛に包まれて心から幸せだった私。でも夢の中でさえ、別れの不安に戦《おのの》いていた。私たちの始めから終わりまでつきまとっていた、別れの不安に戦いていた。でも身近にいらして、始終私を見てくださってるのが分かりとても嬉しかった。

九月二十七日

二晩続けて夢の中にきてくださったのね。いいえ、私がお逢いしたくて出かけたのかしら。貴方は太って背広を着て、ニコニコしてらした。難波様も髙柳様も背広姿で楽しそうでした。私も始終微笑んで、貴方にもたれたりして、どうしてお友たちの前であんなに甘えられたのでしょう。そして夢の中でも、そこが生ある者の世界でないことが分かっていた。だって「私も早くここへ来たいわ」って貴方を見上げて申し上げたでしょう？　ああほんとうに早くお傍へ行きたい。神様へお願いして！

九月三十日

昨夜の夢は悲しい夢だった。貴方の艦はとても貧弱だったし、出航の時貴方の姿は見えなかったし、艦と併行して電車に乗って貴方の艦を追っていた。三番艦だった。揚子江を下って上海へ出たことを意識の隅で覚えていたんでしょうね。そして独り言を言ってたんです。「こんな艦だからやられちゃったんだわ」。嫌な嫌な艦、でも可哀相な艦。ドック入りの時期がきてるのに、延々となって、きっとアチコチが傷んで肝心の時操艦が難しかったのでないかしら。それに陸軍さんやら大砲やらいっぱいいっぱい積んでいて、重かったでしょう。

昭和二十年四月四日

この日の夢は私に永遠の生命を信じさせるようになった不思議な夢だった。軽い発熱で祭日の午後をぐったりと眠り疲れた私。その時貴方は訪れてくれた。
「なぜ航空隊員のような服装をなさってるの？　なぜ襷《たすき》をかけてらっしゃるの？」と問いかけていた私。だって白いつなぎのような見たこともない格好だった。

昏々と眠ってばかりいらした貴方、それをいつまでもいつまでも見守っていた私。やがて貴方は起き上がるなり、「ちょっと挨拶にいってこよう」とおっしゃって、紙包みをもって立たれた。「まあ、手土産に心を遣われるなんて、大人になられたんだ」と、後ろ姿をしみじみ眺めた私だった。

小さい兄の出征のことを話すと、「鹿児島県でも離れ島だよ」とおっしゃいました。びっくりして地図をお持ちすると、何と宮崎県に近い山の中でした（本当に兄はこの山中にいたのです）。二人で「まあここなら玉砕することはない」と安心しました。貴方は「沖縄の戦況は大変だから、今度こそ生きて還れないよ」と、じっと私を見つめておっしゃいました。その時、私は悲しさを通りこして、ただただ貴方のやさしい眼差しをとこしえに忘れまいと、見つめるのに懸命でした。

ずっとずっと後になって、五十回忌を迎えた時、長年胸の奥にひそんでいた願望「海没海域に行ってご供養をしたい」が、実行できることになり、急遽遺族捜しが始まり、直接の上司だった機関長さんの奥様に会えたのです。その時に見せていただいた栗田丸の全員の記念写真（東京空襲の第一報を打電した艦として感状をいただいた時）を見て、大きな衝撃を受けたのだ。何と機関科の人たちは全員真白なつなぎのような服装。私が夢で見たのとそっくりの姿で写っていたのだ。艦内の服装など知る由もない私に、彼は作業衣姿で夢に現れていたのだ。
靖之さんのみ霊はいつもいつも私を見守ってくださってる。明らかな確信をもった。そしてまたいつか会えることも心底信じられたのだ。

四月十一日
明け方の疲れ果てた夢路に貴方はきてくださった。
「元気を出してくれ、信子が生きていてくれるのが、僕の短かった一生のたった一つの証なんだよ」

四月十二日
やっぱりきてくださった。毎月十二日は特別の思いで迎えています。本当に嬉しかった夢。三年も経ってから突然、お手紙をいただき、そしてご健在が分かった時の喜び。貴方の御手紙を母や姉に見せて回って、「そーれ、ご覧なさい。いつか還ってらっしゃるって言ったでしょ」と鼻高々でした。
はち切れるような元気でお帰りになった貴方へ、「ねえ、もう戦死なさってお葬式もすんじゃったのよ。どうして今まで還れなかったの？」と申し上げると「戦争だもの、三年や五年行き詰まることがあるよ」と、私の心配など気にもなさらず高々と声をあげてお笑いになりました。本当に雄々しくなられて、私はもう幸せのあまり眼を閉じてしまいました。

九月

九月は喜びの月、そして悲しみの月です。死に赴くという貴方に私の生命を捧げた月です。そして貴方はまた昨夜訪れてくださいました。いつものように涙に埋もれての出会い、別離のための出会い、ひと月でもいい、いえ十日でもいい、貴方と一緒にいたい。それからの一生は一人でもいい、と取りすがった私に、立ち上がった貴方の軍服の固かったこと。貴方の右手、固くしまった、そのくせ白い右手を私の眼に当てました。貴方の身体は私のものではない。祖国のもの、せめて手だけでもと。

九月十一日

やっぱりきてくださいました。さわやかな秋の朝の井戸辺に、貴方はすっくと立って真白い歯を勢いよくみがいてらした。私は新しいタオルを気狂いのように探して、そして見つかりません。貴方は傍らの私の父となにか話しています。次のドック入りの時、挙式させて欲しいと頼んだのでしょうか?

いつの間にか白い野球帽をかぶって庭を掃いている貴方。私は妹をつかまえてセブンイレブンで一番おいしいパンを買ってきて、と気をもんでいます(セブンイレブンなんてなかった時代ですのに)。三十七年前の貴方はやっぱり若々しく力強い姿。毎年毎年この日だけは訪れてくださる人。

昭和五十八年七月

九州、私は塚脇の家で弟明和の看病をしていました。変ですね、明和が玖珠にいるなんて。貴方は突然帰ってらして、私が看病に疲れて眠っていると誰かに聞くと、「逢うと未練が出るだけだ」とおっしゃって、顔も見ず大隈の家へ行き、済美姉さんの所で一泊、早朝発ってゆかれたと。それを聞き、ただ泣いていた私。後を追うすべもなくただ泣きに泣いていた私。やがて宇部からお手紙がきました。出陣の報せです。ああ靖之さんは戦死なんかしてない、まだちゃんと生きておられる、手紙がくるんだもの。戦死なんて誤報だわ、と夢の中で御武運を祈りました。

平成四年七月

昨夜の何と楽しい夢。ふれたこともない靖之さんの足の裏をマッサージしていた私。狭い二部屋の六畳間だった。百合子も一緒、いつもいつも私にくっついていた妹。隣りの三畳はまるで物置き。階下の二部屋は父母が使っている。靖之さんは数日前、私を訪ねていらしたのに、父母は泊めもせず明石の妹さんのところへ追いやったのだ。成子さんの家は狭く、また妹夫婦（いなかったはず）が出戻ってきて満員だった。靖之さんは一カ月の上陸休暇をもらってきたのに、その狭い狭い家で小さくなって過ごし、とうとうまた私の方へ来られたんだ。

私は心底父母に立腹していた。二階を片づけ三畳間に布団類を山のように積んで素敵なベッドを作った。そして六畳間の方をきれいにして食卓の用意をする。時おり階段からのぞく母に、「早く朝ごはんの用意をして」と怒鳴る。申し訳ない、どうしてもっと早く気をつけてあげなかったのか。今日は休日、二人で逗子へ行こう。そして一カ月貸別荘をさがしてゆっくりさせてあげよう。こんなに毎月毎月大金を稼いでいるのは、なんのため？（変です。開業時代になってた）。靖之さんと二人で楽しんでこそ、お金が生きる。父母がなんと言おうと、今日出ていったらしばらくは帰らない。

目覚めても靖之さんの足にふれていたことだけで、うっとりと幸せだった。そのくせ、あまりにも清らかすぎた私たちのため、とめどなく涙は流れる。可哀相な二人、あんなに思い合いながら、愛し方も知らず、ただただ求めあっていた二人。

平成五年四月

なんという素晴らしい夢でしょう。それも明け方です。目覚めて、飛び起きて記憶の失せぬ間にと机へ向かいました。場所はお茶の水あたりの病院でした。突然帰還したという知らせで飛んでいった私。待合室のようなところで優しい婦長さんと、あと一、二名の日赤のプレ（看護婦）さんとご一緒でした。

貴方は二十代の若者で、そして私もまた若い。十八名で帰って来たという。喜びのあまり話すこともトンチンカンで、それでも気づかれぬようにそっと手をまさぐり当てて、ああ靖之さんの手！　温かくて固くて大きく、しっかり握りしめてくださる。婦長さんのお言葉、「いろいろの検査を終えないと出して貰えません」。

「去年洋上慰霊祭を済ませたのよ。沖縄の現地まで出かけて」「そろそろ二十三日には済美姉さんのお祝いの会があるわ。間に合うかしら。九州へはもう知らせたの？」と問う私へ、なんだか複雑な表情を見せた貴方。「ねェ、明日も来ていいでしょう？」。

ああ、明日は老人ホームへ行く日だ。と夢の中でも仕事はちゃんと覚えていた。どこかへ隊を組んで出かける最後尾へついた私たち。そっと彼の腕の下へ手をすべりこませてしっかりとつかまえる。ガッシリと強い貴方の身体にぴったりより添って。ああなんて夢、なんて幸せな夢！

平成六年五月二十四日
久しぶりに夢で逢えた。何が原因か、右足が義足だった。
轟沈の時にけがをしたんだと、ふと思った。優しく穏やかでただニコニコと笑っていた。口の重い人。不思議、義足だなんて。

平成七年一月十四日
淡路に建立中の歌碑のことが気になっていたら、久し振りに逢えた。何だかほっそりと色白になって美津夫兄様に似てきたみたい。
口はきいてくれなかった。夢ではいつもみつめ合うだけ。そして私は仕事が忙しいので、彼だけが玖珠へ帰っていった。せっかく来てくれたのに、やっぱり故郷が恋しいんだろうか、目覚めてしばらくそのことだけを考えてしまった。

平成八年九月十一日

やっぱりきてくださった。特別の日ですものね。靖之さんは少し細っそりとなってとてもとても綺麗で見とれてしまった。私は兄弟三人でどこかの二階へ下宿している。そしてどこかへ勤めている。どうしても会いたくて、早引きをして帰って来る。もう出かけようとしている貴方にバッタリ出会って、「もう行くの？　時間がないの？」とつぶやいて、よろめいて傍らの何かによっかかってしまった。

「今一度行って来たんだ。引き返して来たんだ。そしてまた出るところだが、でもいいよ、さあおいで」と、再び部屋の方へ。

小さいエレベーターだったので一人背中を見せて入っていった。一緒に乗らず、次を待ちながら、そばにあった鏡に自分を映す。なんとみっともない私。変な帽子の下からはみ出している髪はチグハグで乱れ放題。「ああ私はなんてひどい姿をしてるんだ」と、またしても夢の中で強いコンプレックスにおそわれる。時間がないのに「さあおいで」と優しくさそってくれた貴方、美しい貴方、紺の制服姿だった。夢はそこまで。手もふれず、よりそいもせず、「さあおいで」の一言と、後ろ姿だけがはっきりと残った。

平成八年十月二十二日

お命日、午前二時三十分、突然目覚める。やはり靖之さんが呼んでいらっしゃる。あと一時間で亡くなったんだもの。明かりをつけてじっと写真を見つめる。この時間どうしていらしたろう。当直明けなら疲れてベッドへ身を投げかけて、ただちに眠りに入ったただろうか。もし六時間当直なら、まだ機関室で机によりかかって書き物をしていただろうか。当直日誌を書いてる最中にドカン、と来たんだろうか。分からない分からない。生還された羽田中殿の話では、十時から当直に立ったはずだという。四時間当直だったか六時間当直だったか、それで戦死された場所が分かるのに。

平成五年九月

久々ぶりの夢。場所は姫路(二人で一度も行ったことないのに)。靖之さんは軍服でなく、商船学校の制服だった。私たちは固く手をつないで(一度だってそんなことなかったのに)、夜の人通りの中を歩きながら「離れたくないの」「いっしょにいたいの」と駄々っ子のように繰り返す私に、靖之さんは答えず固く手を握り返すだけ。大男のイラン人(どうしてこんな人が出て来たんだろう)に何か丸いものを投げつけられ、まとわりつかれて逃げ出す。私より靖之さんを追って行く。私は傍らの化粧品店へ逃げ込んで助けを求める。

カウンターには中国人が二人いた（随分インターナショナル）。やっとイラン人をまいた靖之さんが店頭に立つ。店の人に「どこかホテルを教えてください。恐くてとても歩けません」と頼む。一つ二つ、名を挙げると小さい女の子が「地下鉄で三つ目よね」と口添えする。

私は「家へ電報を打つわ」と帰宅しない決心をする。突然靖之さんが話し出す。大隈ではみんなダンスをやってた。靖之さんの妹、章子さんたちもちゃんもいたと。

「船へは何時に帰らねばならないの？」と聞くと、六時三十分だと、早い。

私が主にしゃべって彼はあまり口をきかない。消極的というか、何か私に遠慮してるみたい。私がもっとフランクで明るく気楽な性質だったら、二人はもっともっと幸せでいられたろう。でも夢の中の二人はしっかり手を握り合って幸せだった。たったそれだけで死んでもいいほど幸せだった。

夢の教訓

九十二歳の早梅叔母さんが急逝した。お元気で盛大な卒寿のお祝いをしたばかり。一族郎党が九州の耶馬溪に集まって、柿坂から靖之さんの従弟たちも全部馳せ参じ、懐かしい血族の集まりが終わって一年あまりだった。叔母さんは、息子の嫁のリュウマチを案じて自ら進んで特養ホームへ入所されていた。美しく設備の整った申し分のない施設で、次は百歳のお祝いですね、と笑い合って別れたのに。

叔母さんは、梅木の義母の一番下の妹で、東京で数少ない親戚の一人。とても可愛がってくださった。いつもいつも「靖之は天下一の幸せ者ですよ。信子さんにこんなに想われて」と私を嬉し涙にくれさせた人。卒寿の日にも千葉や埼玉から従姉妹たちが集まって、「信子姉さん、信子姉さん」と言ってくれたのも叔母のおかげ。やっぱり私は一人ぼっちじゃない、常日頃無沙汰をしていても、何人かが私を「靖之さんの亡き妻」として呼んでくれる人がいる。かたくなで淋しくて閉じこもりがちの私。残り少ない月日を早梅叔母さんの霊のお導きで明るく過ごそう。そしてその夜、三時に寝たというのに二時間も夢を見た。

つらい夢だった。どこかの病院へ勤めている私。思いがけなくクビを言い渡され、一体どこが悪かったんだろうと必死で考える私に、優しい看護婦さんがそっと耳打ちする。

「先生はやり過ぎなのよ。適当にさぼったり、嘘も方便ということもあるのに知らないでしょ。郷に入れば郷に従え。先生は煙ったい存在なのよ」

クソ真面目で偏狭で協調性に欠けるこの性格。早梅叔母さまが夢で私を訓してくださったのだと思う。これからは心して、少しでも人に好かれるような生き方をしよう。

平成十三年二月十二日

久し振りにきてくださった。なんだかとてもやせて痛々しかった。あぐらをかいた片方の膝の上に乗っかって頬をすりよせた。冷たくてすべすべして少年のようだった。左の耳をちょっと噛んだ（こんなことよくできた）。母の姿がちょっと見えたので、膝からすべり落ちて知らん顔をする。どんな時でも母の姿がチラチラする。

不思議な夢。下駄箱の前に二人で座って、私の古いハイヒールを取って、艦でスリッパの代わりに使うという。大きめの靴とはいえ、男の人にはとても履けないのに。

生きている

あの人は生きている。還っている。この考えが私を支配し始めたのはいつ頃からだろう。何度、その夢を見ただろう。

趣味のよい茶色の背広で現われたあの人とも、夢の中でただ一度会った。

そして昨夜もまた！　亡き義母のあやまるような口調で、それを知らされた。その年月さえも。

「昭和三十六年に還って来ました。今は公団住宅へ勤めて子供が二人います」

妻は元日赤の看護婦さんで、とても美しい人だと母は言った。

「なぜ私のところへ帰ってくださらなかったのでしょう」

血を吐く思いの私の問いに、母はただ「恥ずかしかったのでしょう」と答えた。

大和撫子としてあまりにも毅然とした、かまえ過ぎた私の態度が、力つき果て、尾羽打ち枯らして帰って来た人を寄せつけなかったのだろうか。では私の二十年の慟哭の日々は無意義だったのか。私はそれほど冷たい女なのか！

戦死を知った時からの、幾百夜、幾千夜の涙は、私の身体からしめり気を奪いとって乾くだけ乾いて、生きる最低限の血がかすかに流れている私。

ただ一枚の紙きれで「お前の愛する者は死んだ」と言われても、どうして信じることができよう。広い地球のどこかに助かっていて、いつの日か夢のように会えるのを心の底では待ち望み、願望は夢と重なって、とうとうそれは妄想とも事実ともつかぬものを生み出してしまう。

昭和三十八年
そこは坂の多い北九州の古い街のようだった。なぜ私はそこにいたのだろう。
二十年前戦死したはずの夫。私の愛を捧げつくし、今もなお愛している夫の影を、その街に求めて、私は歩いていた。

確かな証拠は何もなかった。風の便りというか、不思議な胸さわぎに誘われて、はるかな路《みち》を西下して来たのだった。

義妹たちの家があった。その街に私の長兄も住んでいた。

旅装を解くか解かぬうちに、私は妹たちの顔に困惑の陰をありありと見た。私は、なにも言わなかった。ただ機会を待った。下手に動きたくなかった。

夫は、夫はなぜ私の許《もと》へ還ってきてくれなかったのか。血縁の人たちはなぜそれを隠すのか。身体中の神経を尖らせて、私は家中の様子をうかがっていた。そして長兄へ電話したいと申し出る。妹はしぶしぶと教えた。

兄は驚いてすぐ飛んで来る。私はただ黙って頭を下げた。沈黙、これこそ今の私の武器である。

「逢いたいのか」と兄の一言。

「ええ、そのために来たの」。血を吐く思いで答える私。やっぱり生きている！

私たちは家を出る。義妹たちが見送りながら、「この道をずっと下るとすぐよ」と教える。

胸の不安が身体を硬直させ、瞳は暗い。

新しい家、古い家のまざり合った坂道を降りること数分。

「お母さんが怒るだろうなあ」

と兄のひとり言に、

「あらお母さんも来てるの？」と私。

「ああ十九日とかに着いたそうだ」

「そう」。私は何も聞かなかった。

すぐ分かった。路地裏の小さい長屋の勝手口で訪《と》う兄の声に、母の元気な顔が出た。

「お母さん、お久しゅうございます」

「あんた逢うつもりかい？」

「ええ、その権利がありますわ」

涙も浮かばない石のような私の身体と心。

「おていさんになんと言おう」

ああやっぱりやっぱり女の人がいた。それでも私の冷静さは失われない。

「どうぞ親戚の者とでも言ってください。靖之さんはいらっしゃいますの？」

「まだ戻らないけれど」

ここで夢は覚めた。寝苦しい昼寝の夢のなんと重苦しい内容。

私の意識下の意識は、いつの間にこのような悲しい妄想を組み立てていたのだろう。

いや、果たして妄想だろうか。あの人は生きて還って、名を変えて、そしてひっそりとどこかで生活しているのではないだろうか。

私は気が狂ってしまったのか。

診察室へ来て、ゆっくりと周囲を眺める。

沈滞した暑苦しい梅雨の午後だが、庭先だけは涼やかに青葉がゆれている。

私の愛の重さに耐え兼ねて、あの人は空を仰ぐこともできなかったのか！

昭和四十八年

目覚めたのは午前三時だった。あまりにも唐突な夢だったので、私はもう眠ることもできず、記憶のあるうちにとペンとノートを取り出した。

「曽根原雅人」。これが私の戦死した夫の、生きている現在の名前だった……。

夫は昭和十八年十月に海軍中尉として東シナ海で戦死したことになっており、私自身靖国の遺族として三十年間を孤独の中に過ごしてきた。当時の軍人遺族としての特別の恩恵を受け、まがりなりにも医者として自立することができ、仕事が寂しさを克服する手だてとなり、まずまず人並みに過ごしてきたつもりである。

三十年の間には、やはりあきらめ切れず、何度か「生きて還っている」という夢を見たこともある。横井さんや、小野田少尉の事件があった時は、もしや梅木も？　という思いが頭をよぎることもあった。

でもまさか、それが現実になろうとは、しかもこんな形でこの平和な初老期の私に訪れるとは！

夫は立派に生きていたのだ。この三十年間ちゃんと日本に住んで、結婚したり、子供をつくったり、商売をしたり。そして彼の身内のほとんどはそれを知り、いや私の父や兄妹でさえ、ある時点からは知っていたのだ。

知らなかったのは、当の私だけだったとは、なんと哀れな私であったろう！

夫は私より三つも年上だというのに、まだ髪も黒々として、白いものは探すようだった。顔の色艶も良く、とても五十を過ぎた、それも世を忍んで仮の名で暮らしてきた人とは思えぬ若々しさであった。

どんな生活をしてきたのだろう、という思いと同時に、私は自分の長い長い孤独と困難の日々、生え際の白い髪、静脈の浮き出た筋張った手を思い出していた。

そして、その時、私はやっぱり泣いていた。

さすがに取りすがってではないが、激しく泣けた。「なぜ？　なぜ？　なぜ？」という言葉だけで私の頭はいっぱいになっていた。

夫は最初の結婚に失敗し、二度目の妻との間に二人の子をもうけ、そしてまた死に別れたという。

小さな商売をいろいろやっていたらしいが、あまり成功した様子もなく、やっぱり彼なりに曲折のある人生を送っていたようだった。

「なぜ、なぜ」。なぜ、私のところへ還ってきてくれなかったのか、私の生き方が、性格が、それほど彼を寄せつけないほどかたくなだったろうか？

あんなにあんなに流した涙、信じ切っていた愛は、一体なんだったんだろう。

でもとにかく、私は嬉しかった。優しい目元はちっとも変わっていなかったし、堂々とした男振りは昔のままだった。

昭和五十八年八月
あの人は生きている。還っている！　またしてもあざやかな夢を見た。故郷の古い知人、あの人の伯父と従弟が我が家に泊まり、久々ぶりの懐古談の末、アルコールの入った伯父の耳に私はそっと耳打ちしてみた。
「靖之さんは生きているんでしょう？　還っているんでしょう？」

伯父は一瞬驚いたが、やがてさめた声で答えた。

「知っていたんですか？　どうして？」

私は冷静だった。何度も何度も見た生還の夢、これが私を驚きから救ってくれた。

「誰もなにも言いません。でも私には分かっていたんです」

夫は北九州のどこかの街で、大きく成長した息子と妻と三人で暮らし、仕事は油だらけになる労働だという。

長谷川という姓は、妻の名を名乗っているのだ。

奥さんはきれいな人で、陽気な大阪弁を話すという。

「なぜ、私の所へ帰ってくれなかったの？」と、血を吐く思いでうめいたのは、もう二十年も前のことだった。

今は心静かに、戦死を知ってからの私の生活の軌跡が走馬灯のようにかけめぐる。

この四十年は、一体何だったんだろう。

昭和十八年十月二十二日、この日私は半ば死んだのだ。結婚はその十月中旬と決めていたのに、彼の艦は帰って来なかった。そして訃報が届いたのだ。

五年間の幼い清らかな愛の日々だったが、九月十二日の最後の上陸の時、彼は「今度は本当に危ない。生きて還れるかどうか分からない」と一言洩らした。

この一言で、私はすべてを捧げる決心をした。それは祈りにも似た儀式だった。六甲の山々を幾度も歩き、二人で神前に手を合わせた。私たちはもう、神の前で誓いを立てていた。

「これで私たちは結婚したんだ」

ポツリと一言、彼は心に期するように言った。

そして午後十時、真白い軍服で白い手袋でサッと挙手の礼をして、海軍軍人で満員の二等車へ消えていったのだ。

遺骨を迎えるため私は入籍し、夫の姓を名乗り、やがて上京。軍医として夫の後を追うため軍医への道を歩き始めた。

そして無残な敗戦。目標を失い流れ藻のように、自然になるがままに、あるがままに生き続けた私。空しく学び、空しく呼吸をし、空しく眠り、空しく覚める日々が続く。

「可哀相に、長谷川なんて名乗って、私は渡辺へ戻ってもいいから、梅木と名乗らせてあげて」

「会わない方がいいと思う。会えばどうなるか分からない」

「私は死んだ人としての想い出でたくさん」

「私に対して罪の意識をもたないで欲しい」

亡き人の親友、原田氏への手紙

今時計は午前五時三十分です。私は打ちのめされて目覚めました。涙の一滴も出ないで、そのくせ「お前は死んでいるんだ」と言われても信じるくらい、自分を失っています。

靖之さんと再会していたのです。夢の中で。

それも紅顔の美青年でなく、四十代の太り気味の色も黒くなった靖之さんでした。九州のどこか海辺の、よしず張りの海水浴場の一隅で、梅木家の親戚の大半が集まっている中で会見していました。

どこかで歌謡曲が大きく流れていましたが、私の心は深山のように静かでした。あの人はまったく新しい背広を着ていました。薄茶色の趣味のよい品でした。でもあわてて出てきたと見え、下のワイシャツは黒ずんでいました。北九州化学という会社へ勤めているそうでした。美智公という女のような名の男の子が一人いる、とも言いました。

「いつ帰って来たの？　なぜ私へ知らせてくださらなかったの？」という問いに、ついに彼は答えませんでした。

「原田さんには知らせたの?」と聞いたら、「彼は知っている」とはっきり言いました。姓が変わっていました。奥さんの籍に入ったのでしょう。あの人は、すまないとも言わず、そのくせ、やっぱり懐かしそうに見つめるのです。厚い唇のあたりを見ていると、私も段々心がゆるんできそうでした。

でも現実を考えて素早く席を立ちました。

自分の気持ちを整理しなければ、という気持でいっぱいでした。泣きわめかない自分が不思議でした。

私はもう彼を愛していないんでしょうか。

どうして、こんな不信としか思えない夢を見たのでしょう。原田さんまで信用していませんのよ。

本当に靖之さんは、生きて還っているんでしょうか? 私は捨てられたんでしょうか?

人生も終わりに近づいて、達観した死生観に生き、何事にも動じない心ができているつもりでしたが、夢の中では完全に打ちのめされて哀れでした。

しのび泣いているのが
本当の私の顔
その哀れな自分を
見つめるために
泣きながら鏡を見る

こんなことをするのは
あの人が生きて還った
夢を見て　目覚めた朝

夢の中であの人は　楽しげに笑い
私たちは額を寄せ合って
幸せのひとときを過ごした
声のない心と心の会話をする
夢の中で

兵庫県淡路市生穂に歌碑を建立（平成 6 年 10 月 22 日）

第五章　日々断章

戦争未亡人

戦争未亡人――。この言葉もそろそろ死語になろうかと思うほど、戦後は長く五十七年も経ってしまった。

昨日の新聞でふと眼にした数字、遺族年金受給者が激減、四万五千人を割ったとか。敗戦時、戦死者二五〇万人には二五〇万人の遺族がいたことになる。その中、父母を除き妻として、故人の霊を守り遺児を育てたのが戦争未亡人といわれた人たちだが、果たして何十万人いたのか、どのような戦後を生きたのか、知りたい、調べたい。なぜなら私もその中の一人なんだから。

たしか厚生省には軍人援護局というのがあって、その方面すべてを統括していたと思う。まだ存続しているのだろうか？　実は平成四年、戦死した私の夫の五十回忌を期して海没地域での洋上慰霊を行った際、少しでも多くの遺族をと、厚生省に頼みにいったことがある。なんとその返事はＮＯだった。その理由はプライバシーの侵害！　大半の未亡人が複雑な遍歴の末、新しい生活を送っているから、本人の許可なしには知らせることは不可だというのだった。

そう聞けば思い当たる話がいくつもあった。満洲からの訪日孤児の中に、置き去りにしたわが子を見つけたが、なにも打ち明けてない夫には話す勇気がないと、泣き崩れた奥さん。そして非常に驚いたことだが、未亡人として遺族の恩恵を受けながら、実際には再婚している者が相当数いるという現実。籍を入れない内縁関係なら、法的にはなんら問題にできないとの話だった。

そういえばこの町でも、表札が二個出ていて、ひそひそ話になっている家が何軒かあった。もっとすごいのは、立派な洋裁学校を設立し、院長として新入生を前に、「私は戦争未亡人としては出世頭だと思います」と演説した友人の姉上だ。感激してそれを話す患者さんを前に絶句した私。院長さんには、ご主人もあり、その間の娘さんもあることを知っていたからだ。もちろん親子で姓は違っていた。いつ姓が変わるのか、カルテを書くたびに首をかしげたが、もはや変わることはないだろうと思う。毎年のようにヨーロッパ旅行をし、伊豆に別荘を持ち優雅なお暮しぶり。しかし我が友が家を建てる時は、一切の援助もせず、保証人にさえならなかったお姉さんだった。

戦没者遺族年金！　なんという悲しい響き。命の代償とも思えるむごい年金。敗戦後七年たって、日本がようやく独立の形をとった時、この法律が生まれたのだが、初めてそれを手にした私は戦死公報を知った時と同じ悲しみ、苦しみに打ちのめされた。こんなものは欲しくない、要らない、あの人を返して、あの可哀相な人を返して欲しい。

女一人慎ましく生きてゆくのに、どれほどのものが要るだろう。爾来《じらい》わたしは、年金には一切手をつけず、故人ゆかりの人たちへの心配りと、法要、供養に遣わせてもらった。それだって本来なら私の働きでやるべきことだったが。とは言いながら、この年金で少なからず守られ助けられてきた私である。

徒手空拳《としゅくうけん》の身でありながら、一戸を構え開業にこぎつけられたのも、年金が抵当になって、まとまったお金が用意できたからだったし、裏の空地に仏間とも言えるきれいな離れを建てることもできた。一番有意義に使えたと思ったのは、五十年祭として、沖縄の現地へ船を出せたことである。

多くの方たちから色んな意味で援助していただいたが、経費のすべては年金からのものだった。そして私の人生も終盤に近づいた時、最後の仕上げとして奨学会設立を思いたち、彼の母校である神戸商船大学（元神戸高等商船学校、現・神戸大学海事科学部）に実現できたのである。故人の命の代償に、私のささやかな浄財を加えてそれは運営されている。

私も多くの未亡人のように、再婚の道がないでもなかった。でも私には裏切れなかった。まず、亡き人に対しての誓い。今一つは女子医専の吉岡弥生先生との誓いである。前者には最後の上陸の際、私たちの人生は一つと誓った。弥生先生には、「再婚しませんね？」と聞かれて、「絶対しません」と返事している。

女子医専入学は、軍人遺族として特別の恩典だったのである。同時に入った同じ境遇の人たちは九名だった。一人は入って直後に退学されたので八名となり、今一人はどうしても試験に合格できず医者になれなかった。七名中二名は子持ちで、大変苦労された。そして五名の中二人は再婚されている。一人は神風特攻隊、桜花隊隊長、日本初の特攻隊員、関行男大尉の奥様だった。医者同士で結婚され、お子さんもできたが、再びご主人に先立たれている。

今一人、眼科を専攻して天理教を深く信仰していた、善人の鏡のような人は、教授の勧めで、おなじ教室の眼科医と再婚。三年病院のために尽くしたのに、ある日突然、別れてくれの一言。どんなに頼んでも謝っても駄目で、荷物は後で送るからと、即刻家を出された。しかも車で送ってくれたのは、次の奥さんを迎えるためだったと。あまりの所業に婦長さんが、泣いて怒って電話をくれたという。

その友はたくさん慰謝料をもらって、それで家土地を求め立派な開業医になったが、「良い人生経験だった」と淡々と話されたのにはちょっと驚いた私である。

学年は上だが、割合仲良しだった凄い美人の後藤さんは、これまた大変な人生を歩まれている。敗戦後のないないずくしの困窮の生活、機会があれば誰もがアルバイトをしたのは当然である。色んな仕事があった。一番面白かったのは、海軍中将のお嬢さんで、星ばかり眺めていたかわいい友が天ぷら屋にいって、主人のおじさんから抱きつかれ、手近にあった油をぶっかけて逃げたという話。まだ煮えてなかった油でよかったねーと大笑いした。

美人の後藤さんも未亡人だった。運良くだか悪くだかは分からないが、新宿の御苑近くの台湾系の新聞社へ働きにいき、社長の羅さんに見初められてしまったのである。

台湾は韓国と並び、戦勝国として飛ぶ鳥も落とす勢い、リンゴ箱に札束をぎっしり入れて家や土地を買いまくっていたのだ。台湾には四人まで妻を持てる風習があった。後藤さんはついに第三夫人にされてしまったのである。目黒区の台王という高台で、どこかの国の大使館だったという豪邸を与えられ、七人もの女中にかしずかれていた。私が訪ねてもどこが入口か分からず、ぐるぐる塀の周りを歩いてやっと辿り着くしまつ。応接間だけで四種類もあり、部屋数が三十五、とても手が回らないとこぼしていた。

ケイレイちゃんとカレイちゃんという二人の女の子に恵まれ、実家はもちろん弟たちの大学の面倒も見てもらい感謝している、と。とても理解できなかったのは、第一夫人は纏足《てんそく》していて、外出できないので、外交面での仕事はすべて後藤さんがこなしているから、羅さんも満足しているということ。そして夫人たちは仲がよく、病気の時など医学生だったことも幸いして、良く看てあげられるということであった。

この羅さんは良い人だったと思うが、いまでも心の隅で引っかかっている点もある。もう一人さらに美しい人で、山本富士子も吉永小百合も及ばないほどの友がいた。明楽礼子さん。名前まで美しい。やはり未亡人で、後藤さんと私と三人は末永く一緒で開業しようと夢みていた仲間だった。その明楽さんを第四夫人にと羅さんが手を伸ばしてきたのだ。十条の駅前に小さな家を買い彼女を住まわせて、開業させ面倒をみようとしたのだ。私が訪ねて一泊した朝、突然ニワトリを下げて現れ、痩せた私たちを前に「あんたたち十分食ってないんだろ」と言って、ジュージュー料理を始めた。

あの飢餓の時代、押し入れには、おそらく密輸入の品らしい乾麺が、こぼれださんばかりに入っていた。私は心底悔しく憤《いきどお》ろしかった。敗戦国の惨めさを徹底的に味わわされた気分だった。別れ際に一言、「日本人の誇りだけは持ちつづけましょうね」と彼女に言った。その後、彼女は羅さんから逃れて、白十字病院へ就職した。そこで結核が進行し、治療中、突然死してしまった。その時思った。第四夫人になり、羅さんの庇護を受けていたら、死なないでいられたかも分からない。私が間違っていたんだろうか？　運命は皮肉で、いつ死んでも幸せと達観している私は延々と長らえて、美しい友は皆彼岸に安らいでいる。四万五千人の未亡人も、来年は半減するかも分からない。

朝鮮の人

今は朝鮮というと、北朝鮮だけの呼称になり、韓国は全く別の国みたいだ。

遠い昔、私がまだ子供の頃、関西にはたくさん朝鮮の人がいた。昭和初期の世界不況で失業者があふれ、日本自体、貧苦に喘いでいた時代、植民地化されていた朝鮮では、一層の不況で生活に苦しんだ人たちが、日本に流れてきていたのかもしれない。

我が家の近くでも山の裾野に飯場らしい小屋が数軒立ち並び、数十人の人が住んでいた。男も女も仕事に出るのか昼間は人っ気もないが、日曜日ともなると真白いチョゴリの女の人たちが、姦《かしま》しく呼び交いながら洗濯や家事にいそしんでいる。

初めは恐ろしく遠目から見ていたが、好奇心に勝てず、いつしか家の間近まで歩み寄ってしまう私に、小母《おば》さんたちが笑いかけるようになった。

おそらく我が子を故国に残しての出稼ぎ生活で、異国の子でも懐かしかったのかも分からない。あまり言葉は通じないが、身振り手振りでどうにか意思は通じたようだ。

「どうしてそんな真白い服を着てるの?」

「これは私たちの国の服なの。汚れたのを着てると心も汚れるのよ」

庭先には石組みのへっついが作られ、その上のお釜はピカピカ。我が家ではお釜の底は真黒でススだらけだったのに。デコボコのスープ鍋も顔がうつるほど輝いている。粗末な小屋の中は茣蓙《ござ》が敷きつめられ、片隅には陶器や壺や食器類が整然と並び、清潔そのものである。

「どうして朝鮮の人はあんなに綺麗好きでよく働くの?」。私の問いに母は答えた。

「あの人たちはね、どんな苦しい生活でも誇りを失っていないのよ。故郷の父母や子供のために激しい労働に耐えて、その上、朝鮮人としての自覚を持ち続けてるの。決して笑ったり馬鹿にしたりしてはいけません。尊敬するのよ」

真摯なクリスチャンだったからこそ言えた言葉だったろう。当時ほとんどの日本人は、

「チョーセン」「センジン」と呼んでとても見下げていたんだから。

日本人は本当に威張り屋だと思う。かつての「判官びいき」という言葉も死語になったようだ。「弱きを助け強きをくじく」。これも今は反対、弱きをいじめ強きになびく風潮になってしまった。情けない、本当に情けない。

今一つ朝鮮の人についての思い出。

戦争中、九州の祖父の家へ向かう山陽本線でのことだ。隣りの席に五十がらみの明らかに朝鮮の人が、お腹を抱えて蒼白になっていたのだ。チラチラと気にしていた私は、痛みがあまりに激しそうなのでつい言葉をかけた。「ねえ、どうなさったんですか？下痢でもなさってるの？　車掌さんを呼びましょうか？」。苦しい息の下から、「朝食べたもの……朝食べたもの……」と、たどたどしい答えが返ってきた。ああ食当たりだ。何を召し上がったか分からないけど、とにかくお腹具合だ。そうだ赤玉をもってる。旅行用の薬を数個差し出し、「これをお飲みになれば治りますよ」とすすめた。

そしてその人は嬉しそうに服薬し、数分後、ほんと奇跡のように腹痛が止まったのだ。私自身がびっくりしたほどの効き目だった。

下関で別れる時、その人は住所を教えてくれとおっしゃったので、何気なく残片に住所氏名を書いてお渡しした。数カ月後のこと、母の大声で飛んでいくと、「信子こんな人知ってるの？　何か送って来たよ」。なんとはるか彼方の京城からの小包。中味は貴重な貴重なロースハムの大きな塊だったのである。

戦時下、蛋白質不足の我が家では、井戸の中へつるして何日も何カ月も感謝しながらいただいたのだった。

母の言葉、「人間のすることを神様はちゃんと見ておられる。小さな極く当たり前の善意、思いやり、これをちゃんと見ておられて、そして、ご褒美くださったんだね」

その人は、京城のハム会社の社長さんだった。

また人殺しが起きないかしら

また、騒音が始まった。「〇〇党の〇〇でございます。有り難うございます。ご声援有り難うございます」。

誰も通りへ出ていないし、誰も声援なんかしてないのに。皆うるさくて顔をしかめているだけなのに。そういえば山梨の桃売りも、二十年来同じ値段ですと叫び、物干し竿売りは一本千円なんて喚いている（本当は千円でない）。オーストラリアから来ていた甥があまりの騒音に飛び起きて、「日本はなぜこんなことを許しておくの？」と目を丸くした。

この騒音で殺人事件が起きたことがある。私の患者さんで、子供の頃から非常に頭がよく、立川高校、東大とストレートに進んだ子がいた。塾に行くでもなく、本棚には辞書しかない。学校の授業だけで充分なのである。

この子が大学を出て近くの会社へ就職した時、ふと私の所へ挨拶にきた。するとその後で、ある精神病院の医者から電話があり、「○○君が、先生のところへいってとても嬉しかったそうです。どうぞ今後ともちょいちょい会って面倒を見てやってください」と、なんと精神科へ通院していたのだ。

さて、就職はうまくいくかなと心配してたら、彼は三カ月もしないで会社を辞めてしまった。とても仕事が馬鹿らしくって、同僚もみんな馬鹿に見えてやってられない、というのが理由だった。

そこで、大学時代の教授が案じられて、彼に翻訳の仕事を世話してくださった。家でできる仕事だから、外界との摩擦もなく順調だった。そこへ市長選が始まったのだ。共産党の宣伝カーがすごい騒音でその子の家の前でがなり立てた時、切れてしまった。彼は野球バットを持って飛び出していった。母親が阻止しようとしたら、なんと母を叩打《こうだ》したのだった。

打ちどころが悪く母が倒れると、引きずって家の中へ入っていった。少数の人が気づいたが、「いつもの喧嘩だろう」くらいに考えて干渉しなかった。

数日後、教授が「○○君できたかい？」と電話をし、「ちょっとお母さんに代わってくれ」とおっしゃると、「母は隣りの部屋で冷たくなってます」。

仰天した教授が警察に電話、変わり果てた母が発見された。狂気と正気はまさに紙一重である。

騒音に出くわすたびに思い出す悲しい想い出である。

暴力団

島田紳助《しんすけ》さんの突然の引退事件で、平素は姿も見せない暴力団という黒い影がまたも浮かび上がった。暴力団というこのおどろおどろしい言葉は、一体いつ頃から使われ始めたのか、昔はたしかヤクザといって、合羽とあみ笠で「お控えなすって」なんて仁義を切る、特殊ではあるが、なにかさわやかな男たちの任侠《にんきょう》の世界だと思っていた。清水の次郎長が頭にあったのかも。

敗戦直後の、あの心身ともに荒れ果てた混沌の社会時代、街を社会を取り仕切って、どうにか社会秩序を保たせていたのは、あの人たちだった。

軍隊はつぶれ、警察は無力化し、無法者があふれ返っていた時代、とにかく女子供でも町を歩けたのは、全くあの人たちのお蔭だったと思う。

医学部の予科生だった私も、新宿の闇市へライスカレーの香りをかぎに、またバナナの叩き売りの口上を聞きによく出かけた。とても面白かった。

その頃、最上級五年生に通称団子山さん（本名は知らない）という方がいて、たしか新聞記者を辞めて医学を志されたという変わった経歴の方だった。なんと新宿の町の中で組の子分とトラブルとなり、親分の前へ引きずっていかれた。

そして堂々と論争の末なんと意気投合し、兄妹分の杯を交わしたのだ。その秋の運動会、組の法被《はっぴ》五十人分を借りてまで颯爽と東京音頭を踊られた。吉岡先生をはじめとして、全校が一枚岩となって爆笑の中にこのエピソードを知らされた。替え唄もまた傑作だった。一つ二つ披露しよう。

イッヒ《私》が予科の時きや　チョイと角帽かぶり　ヨイヨイ
寝ても覚めても　寝ても覚めてもドイツ語で　ソレ
アーベーチェーデー　ヨイヨイヨイ　アーベーチェーデー　ヨイヨイヨイ

五年夢の中　チョイと青春つぶし　ヨイヨイ
今じゃ未来の　今じゃ未来の女医博士　ソレ
ヤーとな　ソレ　かっとばせ　ヤーとな　ソレ　かっとばせ

暴力団のチビ集団。これが暴走族といわれる子供たち。真夏になるとどこからともなく湧いてくる。寝静まった街を轟音をとどろかせて傍若無人に走り回る。あまりの騒々しさに玄関先へ飛び出し、偶然目の前でよろめいたバイクを摑まえた。まだあどけない顔をした可愛い坊やである。襟首を摑んだまま、同じく様子見に出ていらしたお向かいの田中さんに電話してもらった。もちろん警察である。その返事、「別になにも事件を起こしたわけでないので、取り締まることはできないのです」だと。

憮然として、チビを離してやると嬉々として去っていった。その翌日である。仕事で家に来ていた電気屋さんが、セブンイレブンへ飲物を買いに行き、大笑いしながら帰ってきた。

「面白いもの見ちゃった。愉快ですね」

お店の横の空き地へ、ウンコチャンスタイルで座り込み、何かムシャムシャやってる暴走族の子供たちの前を立川市の組の子分が通りかかったという。突然一同、サッと立って最敬礼したというのだ。その規律正しさ、口あんぐりだったと。

「ふーん、ヤクザを尊敬してるのね。そうだ、警察はなにもしない、いっそ立川の親分さんへ子供たちの補導を頼みに行こうかな」。この話を医師会の警察対応の仕事をされている先生に話したら、「ちょっと待ってください。署長に話してみますから」。でも何事も起こらなかった。

人の世は天国じゃない。馬鹿もいれば拗《す》ね者もいる。一律に法で取り締まる、というのは難しい。必要悪、潤滑油、どこかに逃げ場がないと息が詰まってしまう。暴力団って、そういう存在じゃないのかしら。別に肯定する訳ではないが、ちょっと考えさせられる問題である。

猫のはなし

わが家は代々の猫好き。そもそもの発端は「京都のお祖母さん」である。お稲荷さんの近くの小さな京都式長屋に住んでいた祖母は、その家に相応しく、ちんまりと背中の丸い柔らかい京都弁の人だった。

その膝にはいつも「タマ」という三毛猫が座りこんでいて、祖母が「タマや」と呼ぶと「ニヤ」と答える様子は本当に一心同体、親子のようだった。年とともに、人、猫揃って歯が不自由となり、小さな焼き魚もほぐして仲よくモグモグやっていたのがおかしかった。

この祖母は優しいが、なかなか芯がしっかりしていて、物知りだった上、手仕事も達者だった。不思議なことに八十歳近くなると急に眼がよくなって、眼鏡もかけず新聞を読んだり、針仕事もできるのだった。母の方が針の目が通し難くなって、苦労しているというのに、本当に今もって不可解である。また私たちが部屋中いっぱいに広げる縫い物も、祖母はヘラ台一つ使わず、一尺差し一本を上手に使いながら、少しの誤差も出さず縫いあげるのだった。

仕事のない時はいつも細かい布切れをつなぎ合わせて腰紐を作っていた。どんな端切れも捨てないで、うんと小さいのはお手玉の材料になるのだ。縁側の陽だまりで、近所の女の子たちが何人も首を並べて、祖母のお手玉を待っているのを、微笑ましく眺めたものだった。

ある秋の日、祖母が珍しくしょんぼり見えたので「どうかしたの?」と聞くと、小さな眼にうっすらと涙を乗せて「タマがもうあかんのや」と言う。

超高齢のタマは、歩くというより這うようにして、竹藪近くの溝へ向かって姿を消しである。

たというのだ。あきらめきったような祖母を見て、私たちもタマのあとを追わず運命に任せたのだった。自然の摂理の厳しさを、私たちはこうして教えられ、育ってきたので

タマが逝ってからの祖母は、急激に気弱になり、針仕事もせず、ぼんやりと陽なたぼっこをする日が多くなった。それでも風の吹き方や雲の動き、夕陽の沈み方などから明日の天気を予報したりした。そして、それがまた不思議と的中するのだ。「虻《あぶ》が、た―んとおりてるさかい、明日は朝から雨どすえ」と言って、私たちを煙に巻く祖母を、一種畏敬の眼で眺めた私である。

その祖母も初冬のある夜、「おすもじ（お鮨）」をたくさん食べて「おいしゅおしたえ」と言って床につき、朝起こしにいったら仏様になっていた。八十五歳だった。

祖母が亡くなっても祖母の作った腰紐は親戚中の女に行き渡っていて、何十年たっても「京都のお祖母ちゃんの腰紐」といって愛用され続けた。

祖母の血を受けて母もまた猫好きだった。とは言っても、七人もの子供を育てて決して豊かとは言えない我が家である。犬と違って猫は美食家である。お味噌汁にご飯という訳にはいかない。第一、だしを取ったあとの煮干しは決して食べないのが、誇り高い猫族なのである。

昭和の初め、世界不況の大変な世の中だったらしいのに、我が家では一貫目入りの煮干しがいつも備えてあり、それは猫用に流用してもよいことになっていた。

ところがいつの頃からか、お弁当用になっている桜干し（みりん干し）の味を覚えた猫どもは、煮干しに不満を示すのである。もちろん許されるはずはない。そっと気づかれぬように、一、二枚引きずり出しては愛猫に与える私たちに、母は悲鳴をあげた。それでも猫は絶えることなく飼われていたし、時には庭の植木鉢をひっくり返して、五匹も子猫を隠し飼ったりして母を悩ませたものである。

父は動物が嫌いだった。「神はいと小さきものを愛で給う」と讃美歌を歌いながら、火箸でコツンと猫をぶつ父に、幼い疑惑を持つ私だった。

動物好きの身勝手な解釈かもしれないが、いまだに動物好きは心の広い思いやりのある善人で、動物嫌いは自分勝手な心の狭い人と決め込んでいる私である。

たしか小学生の頃だった。物置でお産をした親猫が幸せそうに子猫たちを抱えこんでまどろんでいる隙に、そーっと一匹盗み出し、妹と二人で添い寝を楽しんだのである。そしてどちらかが寝がえりをうった拍子に押しつぶしたんだろう、おせんべいのようになって子猫は死んでいた。小さな血のシミを見て、二人で泣きながら母猫のところへ戻したら、なんと母さん猫は子猫をガジガジと食べてしまったのである。涙もどこへやら、びっくり仰天した私だった。

またある時、可愛い盛りの子猫を蚊帳の中へ入れて抱きかかえて寝ていたら、どこかの雄猫が襲ってきて、蚊帳ごと嚙み殺されたことがあった。「猫は猛獣だよ」と言った兄の言葉を、恐ろしさに震えながら思い出したのである。後年、聞いた話では、雄猫は自分の子でない恋敵の子を殺す習性があるという。己の遺伝子を残そうとする生物の本能だろうか？

そして私は三代目の猫好き。学生時代はアパート住まいだというのに、なんとなく捨て猫を拾ってきては飼っていた。

荒井薬師にいた時のある夜の出来事。すぐ近くに新しく建った家の道路脇に、砂が少々残っていたのを思い出し、猫のトイレ用にもらおうと思いたった。小さな紙袋にそっと入れた途端、なんとパトロール中のお巡りさんに尋問を受けてしまったのである。

「これは遠く海や山から運ばれてきた建築材料です。無断で拾うと窃盗罪になりますよ」

青くなったものの、まさか猫のトイレ用とは言えず、とっさに「菊の栽培用に少し拾おうと思ったんです」と言い訳した。お巡りさんはニヤニヤしながら「ま、いいでしょう、少しだけなら持っていきなさい」と無罪放免にしてくれた。しかしいまだに後味の悪い思い出となっている。

この時の猫は、戦前はあまり見かけず、戦後急速に増えた「縞模様のキジ猫」で、大きな垂れ眼が榛《はしばみ》色をした美しい猫だった。このミーコは、いつの間にかお腹が大きくなって、初産のせいか、たった一匹子供を産んだ。これがまた無類に美しい猫で、友達が一目見るなり「こりゃ山本富士子だね」といったくらいである。「ミス日本」というわけで、「フー子」と名づけられた子猫だが、あまり可愛かったせいか、乳離れの時期がくると母猫が家出してしまったのである。

インドの風習では、孫ができるとその家はもはやご安泰といって、祖父母は家を出てき、それも別々の方向へと分かれ去るという。その後は、聖者を訪ねたりお寺廻りをしたり、喜捨乞食の生活を続け、いよいよ疲れ果てると辿り着いた村で最期を迎えるという。家族には絶対知らせない、知らせてもただ悲しませるだけだという考えからだ。

村人たちは、「自分の親もどこかで誰かの世話になっているんだから」と、スープや牛乳を運び、子供たちは木陰のベッドで横たわる老人を囲んで、遠い村々での出来事に耳を傾ける。

この話を読んだ時、なんと素晴らしい福祉だろう！　真の福祉とはこういうことなんだと感じ入った私だった。そしてこの母猫もきっと、自分はもうこの家には不要になったと悟り身を引いたんだと思う。そしてまたまた々不思議だったのは、一カ月もした頃ふっと様子を見に現れたのである。窓辺に飛び乗って、家の中を窺う姿に気づき「ミーコ！」と叫んだが、幸せな子猫を見て安心したのか、さっと姿を消してしまった。美しい猫だからきっとどこかで飼われていると、さほど心配もしなかった私である。

アパート住まいの私でさえ猫が飼えた、よき時代。女子医専の寄宿舎はまさに猫天国だった。水野が原という、徳川時代は処刑場だったとか言われ、真偽のほどはいまだに知らないが、だだっ広い原っぱに、二、三日で建てられた数十軒の仮小屋、杉板とボール紙の壁でこの上なく風通しはよく、節穴からはさんさんと朝日が差し込む、ヘルシーな寄宿だった。六畳に三人、四畳半に二人が定員。小さな机とトランク一個、夜具一組で部屋はいっぱい。重なって寝るような生活だった。焼け残った鉄筋コンクリートの立派な寄宿舎は、大学再建のため通産省に身売りしてしまったのである。

この原っぱの女性集団は、猫の捨て場としては理想的だったろう。どこからともなく猫が集まり、増え猫だらけとなってしまった。どの部屋にも猫がいた。五人もいれば一人くらいは猫好きがいたんだろう。

その猫どもの名前がまたユニークだった。女子医専の衆は概ね封建的だったらしい。五右衛門（石川）、伝次郎（大河内）とか古くさい名が多く、当時占領軍が台風につけたジェーンとか、キャサリンとかのハイカラなものはなかった。一番楽しかったのは「ネコ」と呼ばれていた猫だった。

このネコの家の連中がある日、揃って欠席したので、どうしたんだろうと心配していたら、なんとネコのお産だった。眠い細菌学の再講義よりうんと勉強になったろう。この猫たちは卒業の時、なんとなくそれぞれが田舎へ連れ帰ったというから、やはり情け厚くよき時代であったと思う。

第一号、チビ

さて苦節十年、武蔵野のはずれ、日野市に小さい家を建て、開業の運びとなった。木の香も清々しい台所でお茶で一服していたある午後、風呂場のタイルをさっと横切った黒い影があった。なんとドブ鼠だった。ホヤホヤの新築の家で鼠とは！

すぐ知り合いの農家へ猫を世話して欲しいと電話する。食糧事情もまだ厳しい当時、犬猫の飼えるのは農家ぐらいだったのだ。

そして翌日、伺った農家の縁側の陽だまりで、赤とらの母猫が五匹の子猫と遊んでいるのを見て歓声を上げた。おじいさんは「どれでもいいのを持っていきな」と言う。おばあさんが小さな鍋に生きたドジョウを入れて持ってきた。子猫たちは初めて見る獲物に色んな反応を示す。後ずさりするもの、おっかなびっくり手を出すもの、そして一番大きい母猫そっくりのが、恐れる様子もなく、パクッと噛みついたのである。

「これに決めます。これをちょうだい」、迷うことなくその赤猫を抱きしめて意気揚々と引きあげた。この子が「チビ」と名づけられた、我が家で第一号の飼い猫である。

子猫の成長は早かった。半年もたつと、大きなまん丸い顔に小さな耳をチョコンとつけた見事な赤トラになって、患者さんたちから「多摩平一番の美猫ですね」と言われて、私は少々誇らしかった。姿形は堂々としているが、とても気の優しい猫だった。

すぐ斜め後ろの家には「タマ」と言う雌猫がいて、仲良しになり、よく一緒に遊んでいた。困ったことに一年近くなると、男性本能が芽生えたのか、少し変な声をしながらタマの家の周りをうろつき始めたのである。タマは箱入り娘だったので、もちろんそんな時期は外へ出してもらえない。悪いことにその家の屋根には、灯籠を足台にして簡単に登れたのだ。という訳で、わがチビ君は日夜「トタン屋根の猫」となって庇《ひさし》を闊歩し始めたのである。

ある朝、患者さんでいっぱいの待合室へずかずかと入るなり、大きな声で怒鳴り出した人があった。タマの家のご主人である。

「お宅の猫は何か特別な薬でも飲ましているんですか？　毎晩うちの屋根を歩く音が

うるさくて、家内の病気が悪くなってしまったんですよ。なんとかしてください」

それだけではなかった。「京都から取り寄せた苔も小便をかけられて枯れそうなんですよ、弁償して欲しいくらいだ」。

私はただ平謝りするばかりだった。患者さんのほうが憤慨して、「先生の猫ばかりじゃないでしょうに、ずいぶん変な人ですね」と慰めてくれる始末。でもやはり、ご迷惑をかけていることに違いはない。可哀相だが去勢手術をする決心をした。

すぐお向かいの公団に、ご老体の獣医さんが住んでおられたのでお願いすると、快く引き受けてくださった。当時、犬猫病院はまだ多くなかったのだ。

お風呂の簀《す》の子を机の上におて、チビはキリストのようにハリツケにされて手術が始まった。老医が大きな口を開けて、睾丸をまさぐった途端、ピュッ！　と噴射、見事に命中！　おかしいやら気の毒やら困ってしまった私である。ようやく手術も終わったが、しばらくは男性本能の余韻があるとかで、もはや野放しにはできないので、家に閉じ込め、散歩の時は犬並みに綱付きとなった。中性化するとやたら太るらしく、アレヨアレヨというまに六キロを超えて、タンクのようになってしまった。

さて、数年たってまた自由を獲得したチビは、すっかり人気猫となり、通学の小学生について学校へ行き、ドッヂボールの仲間に入ったり、時には教室まで入り込んで、先生から「猫を取りにきてください」と電話されることもたびたびだった。

チビが六歳になった夏のある日、夜になっても姿が見えないので呼んで回ったが、見つからない。暑い時だったので一晩くらいいいだろうと、放っておいた。あくる朝、さすがに心配になって、家の周りを念入りに捜してみたら、なんたること、診察室の出窓の下で、あわれ冷たくなっていたのである。後で聞いた話だが、前の日の夕方、お米屋さんの車にポンとぶつかったのを見た人が、私に知らせようかと思ったらヒョコヒョコと歩いてお隣の庭に入っていったので、「ああ大丈夫だったんだ」と思い、そのまま家へ帰ったと言う。

猫の皮膚は厚くて固い。少々の打撲でも破れないが、その分内臓へのダメージは大きく内出血が強かったんだろう。そして歩けないまま、ようやく診察室の床下まで来て私の声を聞きながら、死んでいったんだろう。人間なら泣き叫ぶこともできるが、声も立てず、抱きしめてももらえず、ひっそりと一人で逝ってしまったのだ。本当にいい猫だった。申し分のないペットだった。十歳までいてくれたのが、せめてもの慰めである。

第二号、ペル一世

私の落胆ぶりを見かねて、ある患者さんが、渋谷の親戚からペルシャ猫をもらってきてくれた。ペル一世である。真っ白の長毛種、目はブルー、柔らかい、しなやかな体に気品を漂わせながらやってきた。チビには申し訳ないが、私はもう夢中である。

ペルは曾祖母が純粋のペルシャ猫で、進駐軍の将校がアメリカから取り寄せたと聞いた。そんな大事な猫を野放しにしたらしく、日本猫と浮気してペルのお母さんができ、それがまた浮気してできたのが我が家のペル一世である。純血腫に見えても雑種であるせいか、とても丈夫で、たくさんたくさん子猫を産んだ。

まだ精神的にも経済的にも、ゆとりある良き時代だったのか、美しい子猫たちは次々ともらわれていった（高度成長とかGNP世界一位とか、かけ声だけは勇ましかったが、最近の日本では子猫のもらい手はめったにないといってよいほど、余裕のない心貧しい国になっていると思う）。

この猫には専用の小母《おば》さんをつけるくらい大切にしていたのに、またも大失敗をしてしまった。やはり夏の夜だった。あまりの暑さに庭に出たんだろう。十時になっても帰らないので「いいやいいや、一晩くらい涼しい所にいなさい」と雨戸を閉めてしまった私。そして朝、庭の梅の木の下で手足をピンと伸ばして冷たく横たわっていたのだった。どんなに自分を責めたか！　多分五年は私の命を縮めただろう。

死因は分からない。毒ねずみを食べたか、チビのように車にはねられたか、もの言わぬ小さなむくろを前にただ涙する私だった。

府中にある多摩霊園の一隅に「多摩犬猫霊園」という動物の墓地がある。すでに第一号のチビも眠っているので、少しはお話し相手になれるかと、同じお寺へお願いした。

ペルシャ猫に限らず長毛種の猫はあまり声を立てない。静かな猫である。また座る姿勢も日本猫のように背中を丸くしないで、首と背中をスッキリと伸ばして美しい。横になる姿もなんとも言えず上品である。

高い所が大好きなのは猫の特性、飾り棚やピアノ、果ては洋服タンスの上などに、まるで塑像のように収まっていたペルだった。

午後の四時近くなると、往診から帰る私の車を待って、必ず灯籠の上に陣取り、お土産の魚をねだるのだった。鯵が大好きだが少しでも古くて臭うものなら、フンと言わんばかりに横を向いて決して食べなかった。健康で一度も医者にかからず、ミルクもたっぷりと出て、十五匹もの子猫を立派に育てあげた母さん猫だった。私は自信を失ってしまった。猫もちゃんと飼えないようでは子供だって育てられなかったろう。独身でよかったとさえ思ったくらいである。

第三号、ペル二世

こうしてわずか二年で第二号を失った私に、またもや幸福が訪れた。ペルの妹がよこされたのである。金輪際飼いません、と言いながら、その可愛い毛玉を手に取るともう駄目だった。やはり純白に近い長毛種で、頭に親指大の黒い印をもつ女の子だった。

まだ乳離れしてなくて、哺乳瓶や私の手を吸いながら育っていった。どんなに懸命になっても母親には及ばない。このペル二世と名づけた第三号は、終生三キロに達しなかった。過保護を通り越して、もはや宝物のような存在だったペル二世は、それでもたった一回お産をした。しかしたった一匹生まれた子猫にペルは全く無関心なのだ。もちろん母乳も出ない。最近人間の世界でも同様の傾向があると読んだことがある。愛されることばかりで愛することを知らない若い母親は、わが子に対処する方法が分からないと言うのである。

ちょうどこの頃、ペル一世の子で、チー子という雌ねこが出戻っていた。とても利口な猫で、母親になり代わり抱いたり毛繕いしたり、よく面倒を見てくれた。しかし所詮は無理で、ペル三世は十日あまりで短い命を閉じてしまった。

ペルは、その後も小さいまま、優雅な肢体で私を楽しませてくれた。八歳になったある日、野崎のコーンビーフで有名な会社へ勤めているご主人を持つ友達が、大きな冷凍のモンゴイカを一匹届けてくれた。もちろん大きすぎて自分では料理できないので、近くの魚屋さんへお願いした。夕方いくつにも仕分けられてたくさんのイカが届いた。看護婦さんが「先生、私フライにしていい？」と言うので、「どうぞ、私はお刺身しか食べないからご自由に」と答えた。

彼女は山のようにフライを作り「美味しい！」といってぱくついていた。ペルが膝の上で盛んにちょっかいを出している。「少しぐらいいいでしょう」と思ったのが運命の分かれ道だった。その夜、看護婦さんは真っ青になり、吐いたり下痢したり大騒ぎ。そしてペルはといえば、みごとに腰を抜かせて、躄《いざり》になってしまった。

夜中の往診にきてくださった獣医さんの言では、「イカのアレルギーだから、しばらく歩けないでしょう。毎日注射に来ます」とのこと。どうして私だけ大丈夫なんだろう、とよくよく考えてみて、はたと思い至った。刺身、ゲソの他に軟骨らしきものがたくさん入っていたのだ。小さなイカの軟骨はピンピンと固い。モンゴイカのものは、幅広く柔らかだった。おそらく小さな魚屋では、ゲソはゲソ、刺身は刺身と別々に仕入れて、大きな一匹を料理することはなかったのではないか。だから要注意の軟骨も知らずに入れてしまったのでないか。

運が悪かったとしかいいようのない出来事だった。それからの数日、私はペルを抱きかかえて砂場へ連れていったり、食事を食べさせたり、懸命に世話をしたが、薬石効なく私の胸の中で息絶えてしまった。私は悲しみのあまり気が少し変になり、前述のチー子を殉死させようと、冷蔵庫に残っていたイカフライを全部食べさせたが、チー子は平気でビクともしなかった。

今一つ、持っていきようのない怒りと悲しみに、イカをくれた友達までうっとうしく感じられ遠ざかってしまった。もちろん魚屋さんの前を通るのも嫌だった。

第四号、チー子

さて生き残ったチー子が第四号ということになる。

この猫はペル一世の子で、もはや長毛種とはいえない三毛猫だったが、短くてもその毛は柔らかく絹糸のようで、姿形にわずかにペルシャを偲ばせる美しい猫だった。

チー子が可愛い盛り、女学校時代の友達が神戸から転勤で渋谷へ住むことになり、不慣れな土地で子供たちが寂しがるから、子猫を一匹と所望してきた。そこで選ばれたのが、まず一番の器量よしだったチー子だった。初めて猫を飼うという友人のために、私はチー子に特訓を施した。食事の仕方、遊び方、排便と完璧にしつけて鰹節持参で差し上げた。

それから六カ月、すっかり中猫になってチー子は戻されてきたのだ。その理由に曰く、魚を盗んだ、お布団を汚した、花瓶を壊した等々。

私は全く頭にきた。こんな非常識ってあるだろうか！　猫は自分のお皿の前を通るたびに一口ずつ食べるというくらい小食である。まして発育盛りの子猫、すっかり片づけられて何も食べるものがなければ、盗むのは当然である。トイレである砂場も清潔でないと猫は二度と使わない。子猫は騒ぐもの、天井までも駆け上がるのが子猫の習性だ。

私は未来永劫、その友とはつき合わないことにした。後年クラスメートから聞くところでは、その友はすべてに常識がなく、みんなに苦い思いをさせたとか。「貴方正解よ、これからは気をつけなさい」と言われて心重く納得した私である。

戻されてきたチー子は、可哀相に、すっかり遠慮して小さくなっていた。母さん猫のペルだって中猫になったチー子など覚えていない。身分をわきまえるかのように、食事でさえ最後にとる姿に心打たれた私だった。

美しいチー子はいくら大きくなっても引く手あまたで、あちこちへもらわれていった。と言うのは、いつも逃げ帰ってきたのである。浅川を越えた遠くの家から逃げてきた時は、一週間もかかって痩せ衰えて帰ってきた。

「もういい、うちの子でいなさい」と言ったせいか、途端に妊娠して、チー子は二匹の子を産んだ。前述のペル二世の産み捨てた子を面倒見たくらいのチー子である。自分の子は本当に上手に育てた。それを見た猫好きの豆腐屋さんのお祖母ちゃんが申しでてきた。

「先生、親子ともどももらったら、居ついてくれるんじゃないでしょうか?」

豆腐屋さんはお豆を扱うので、常々鼠に悩まされていたのである。という訳で、ある日家族中でチー子を迎えにきた。毛布のたっぷり入ったダンボールに入り、お神輿さんをかつぐようにして、チー子一家は連れられていった。しばらくは窓も開けないように部屋に閉じ込めますと、猫好き一家は懸命だった。ところがチー子はなんと、ハンストをやり始めたのである。どんなご馳走にもそっぽを向き、水も飲まない猫は、子猫たちが乳を吸うのでアッという間に痩せ衰えてきた。お祖母ちゃんの困惑ぶりを見かねて、私が出向いて餌を与えることになった。私や姪の手からだと、ちゃんと食べるのである。かくして約一カ月、ようやく家の人にも慣れたので手をひいた。それでも用心だけはして、決して窓は開けなかったという。

そして冬になり、珍しく十センチも雪が積もったある夜、家でテレビを楽しんでいるところへニャーンと微かな声。びっくりして玄関を開けると、弾丸のように飛び込んできた白い塊、チー子だった。雪まみれでしかも子猫をくわえている。その上遠慮して椅子の下へ入りこみ出ようとしないのだ。可哀相に! 私は夢中でチー子を引きずりだして温かいタオルで体を拭き温かいミルクを飲ませた。やっと安心して子猫に乳をふくませるチー子、ああ、もうこの子はよそへはやるまい。もう一匹の子猫も取りに行こうと心を決め、オーバーを取りに席をはずしたとたんチー子の姿が消えていた。疑心暗鬼で待つこと数分、ちゃんと二匹目の子猫をくわえて戻ってきたのである。

あくる日、豆腐屋のおばあちゃんは言った。「先生、この猫は人間ならストレートで東大へ入れますね」。これがまた傑作だった。チー子は毎日午後四時になるとふっと姿を消すのである。なんと五〇〇メートルも離れた豆腐屋さんへ現れて、ニャーンと鯵《あじ》をねだったのである。

こうして紆余曲折の末、わが家の猫の地位を獲得したチー子であった。

人間に知能の高低があるように、猫にも頭のいいのと悪いのがあると私は思う。そして感情の面でも優しい控えめなのもいれば、意地の悪い出しゃばりもいると思う。そして、それらを形成するのは、やはり人間がそうであるように、生まれつきと育ち方だと思う。

さてようやく落ち着いたチー子は、それからも年に一回はお産をし、子猫を育て、やがて十歳になった。健康そのものだったのに、ある夏の終わり急に食べなくなった。心配になったので先生の診察をうけると「少しじん臓が腫れています」といって、サルファ剤を注射され錠剤を飲まされた。さあそれからが大変である。ゲエゲエと吐き続けてとうとう下痢まで始まったのである。先生は脱水で心臓が弱りましたとおっしゃって、大きな注射をなさった。すると、突然痙攣をおこして、赤ちゃんが飛び出したのである。流産だった。

先生はもう診てくださらなかった。現在のような整備された犬猫病院はまだなかった。いよいよ食べなくなったチー子を抱えて私の悪戦苦闘がはじまった。まず五パーセントのブドウ糖の皮膚注射、抗生物質、ビタミン剤、スポイトから一滴ずつ落としいれるスープ、ミルク。

しかしチー子は依然として飲まず食わずで、いまや骨皮筋衛門になってしまった。患者さんたちがそっと覗いて、「ミイラみたいですね、まだ生きてるんですか」と言うほどだった。

こうして約一カ月たったある夜、動けないはずのチー子がふいと見えなくなったのである。

暗くなった庭や軒下を懐中電灯で照らしながらさんざん捜したが、見つからなかった。心配で心を痛めながら、寝ずに時を過ごし、やっと空が白みはじめたので、飛び出してチー子、チー子と叫びながら捜しまわった。そして微かな鳴き声を耳にしたのは、お隣の庭の灌木の茂みだった。チー子は冷たく固くなって、眼や鼻には蟻がたかっていた。でもまだ息はある。夢中で抱きかかえて、飛んで帰り、まず体中を温湿布し、手当り次第に注射をした。よほど運の強い猫だったんだろう。再びしっかりと息をし始めたのである。

死から蘇ったチー子！　絶対に助かる。私は強い信念で看病にあたった。とにかく何でもかんでも私が嚙み砕いて手の平に乗せ、鼻の先へ持っていく。刺身とか鳥肉、バターといった栄養価の高いものはすべて顔をそむける。魚も卵も駄目だった。

そしてある日、薩摩揚げをもっていくと、突然顔をあげてぱくぱくと食べたのである。本当に不思議だった。これをきっかけに、やっとやっと食事ができるようになった。

先生にはついに報告しなかった。

大病のあとは丈夫になると聞いたが、本当だった。その後のチー子は全く健康で、十七歳まで生きて天寿を全うした。最後は、高血圧、動脈硬化、血尿、痙攣といった老化に伴う症状を見せながら、私にしっかりと抱かれて永久の眠りについたのである。

火葬場でまだ温かい小さな骨壺を手渡しながら、おじさんが言った。

「お宅のニャンコちゃんは脳溢血でしたよ」

四百字の思い出つれづれ

亡夫の戦友と感動の出会い

漸《ようや》くにめぐり逢へたり亡夫《つま》の戦友《とも》額《ぬか》打伏せて言葉少し

五十四年前、彼の艦の最後の出航を見送った人。夕日の輝く上海ウースン海軍基地だった。一万トン近い黒い巨体が、黄金色の波をけって出航していった。そして二日後、米潜水艦の雷撃で轟沈《ごうちん》した。艦の名は粟田丸。

その人は生還し、山奥でひっそりと農業をしながら、この光景が一日として忘れられなかったという。

ふとしたことから、ありがたい涙の文通が始まったが、お会いするのは初めてだった。場所はもちろん靖国神社である。

まさに一期一会の会合である。私たちはただ、見つめ合い、握手をし、交わす言葉は少なかった。

こうして、私たちの戦後は、少しずつ整理され、そして消滅してゆく。

私の健康論

「さあ食べなくちゃ死んじまう」

これが私の食事に対する考え方。「人間は食べるために生きるのではなく、生きるために必要なものを摂るんでしょう」とある高僧に言ったら、「それは私の言うべき言葉です」と笑われた。私は菜食主義者に近い。卵と牛乳はアレルギーの根元と何十年も口にしない。栄養学者に言わせると、私はとっくの昔に死んじゃっているはずだ。しかし古希を過ぎた現在まで一度も病気はしないし、骨折もない。

かくいう私は、内科の医者のくせに昔から薬を出さないので有名である。私自身、薬というものは一切飲まない主義。ただしムンテラは長い。ムンテラとはドイツ語で「口の治療」。すなわち今はやりのインフォームド・コンセントとやらである。

今日も新聞の一隅で「健康を案じるのは心が病んでいる人」という言葉を見た。というと、日本人は、もはやすべて心が病んでいるのだろうか。

彼の遺骨を迎え結婚

私の人生には大きな岐路が三つあった。

まず女学校卒業時、戦争の足音高き昭和十一年である。日赤看護婦を夢見てほかには一切目もくれず、日赤へ直行したのだが、ふくれ上がったしもやけの手をたたかれて、あえなく落第。

世の風潮に従い、良妻賢母の道を目指して、十八歳の時、運命の彼との出会いを迎える。

義姉の弟という親類同士の気やすさと、海軍将校の卵のりりしさ、たちまち恋に落ち、彼の手にわが運命を預けた。そして戦争、出征、戦死というきびしい五年を経て彼の遺骨を迎え、結婚。


ときは木の変はる事なき緑こそ征でゆく我の心とぞ知れ

「君がいるから僕はどんな苦しい時でも幸せでいられる」

この残された歌と言葉を支えとして、医者として自立し半世紀。まさに空蝉《うつせみ》の仮姿の年月であったが、清く誠実に生きた前半生こそ、誇りをもってほほ笑みながら振り返ることができる。

桜みて今なお戦争思い涙

桜の季節になると、みんな心うきうき、暖かい日差しの中へ出かけて行く。そして、満開の桜をめでる。私だけだろうか、桜を見て涙ぐむのは。

靖国の桜はもちろん、山中にひっそりと咲く薄紅の山桜でさえ、胸が締めつけられる。

「咲いた花なら散るのは覚悟　見事散りましょ国のため」

「同期の桜」のこの歌詞通りに、多くの若い人たちが命を失った。わずか六十年あまり前のことだ。「桜花」と名付けられた特攻隊や特攻兵器もあった。

あの無残な敗戦を知る人もほとんど鬼籍に入り、悲惨な戦争は歴史のなかに埋もれようとしている。幸か不幸か、生きながらえて卒寿を超えた私は、相変わらず桜から目を背けている。陽気な春を迎えても、葉桜となってようやく心が落ち着くのは、もはや私一人かもしれない。

リンゴ箱並べて暮らした日

東日本大震災の被災地で、段ボールでつくったベッドが重宝されているというニュースを見て、敗戦直後のわが青春の日々がよみがえった。あのころ重宝したのは、リンゴ箱だった。六個を並べて、奥の三つは衣類入れ、手前は本やノート。そして、上に薄い布団を敷いてリンゴ箱ベッドになっていた。

色紙を貼ったリンゴ箱は茶ダンス。数枚の皿と茶わんが納まっていた。友が泊まった朝の食事は、故郷から送られてきた貴重な白米と、たったひとつあったマグロのみそ漬けの缶詰。「おいしいね」と言い合って、感謝いっぱいで食べたっけ。貧しくとも、ひとつの無駄もない清潔な生活。ただただ勉学をという目的に向かって、充実した日々だった。

そして、半世紀あまりたった今、ものはあふれ、捨てられている。人々は、何かに追われるように動き回っている。与えられた環境に満足も感謝も薄く、ただ周囲を見回して求めることばかりを考えている。昔の人は偉かった。「人に迷惑をかけるな。人をうらやむな」――この二語に尽きていた。

ナデシコと寄り添うように

なでしこジャパンの優勝で有名になった花。私の想像では、チーム名はヤマトナデシコから取られたと思うのだが、それらしい記述は見当たらない。辞書には「日本女性の美称」と書かれているが、現代ではもはや死語に等しい。

皇室の女性はそれぞれご自分の花や木を紋章のように持っておられるが、私もいつのころからかナデシコを自分の花と決めていた。その理由は、戦死した夫に由来している。

仇撃ちて還ると思ふな敷島の我が家に咲きしなでしこの花　亡夫
なでしこの花よと我を呼びし君海中《わたなか》にひとり淋しからずや　信子

二十六歳ですべてをなげうって国に殉じた人。残された私は、以来、ナデシコの花を絶やさず育てて、一年中その薄紅の花と暮らしてきた。二人の生命の象徴でもあるかのように。ナデシコは豪華で華麗な花ではない。むしろ寂しく、かれんに見える花だ。

見向きされぬヤマモモの実

垂水の海沿いの街路樹に鈴なりのヤマモモの実を見つけた。試しに少し採り、ブランデーに漬けてみたら、深紅のおいしい果実酒ができた。砂糖漬けもおいしい。豊富なミネラルは、体中の血と肉を元気づけるようだ。

毎日毎日採っても、採り尽くせない。そして誰一人採る者はなく、鳥の姿さえ見かけない。野鳥は激減、絶滅したとでもいうのだろうか?

子どものころ、近くの山の森に大きなヤマモモの木があって、下校の途中、口も手も紫色になるほど食べた記憶がある。今の世、ボーイスカウトでさえ熟した野イチゴを前に「手を洗っていないから食べられません。お母さんにしかられます」と行儀がいい。度を越した潔癖性と過保護は、自然からもらう免疫力、体力の低下を来たし、アレルギーや膠原病《こうげん》といった、戦前には見なかった難治疾患をまん延させている。

（「四百字の思い出つれづれ」は、「東京新聞」「神戸新聞」などへ投稿したものをもとにした）

梅木さんの志と一途さ――刊行に寄せて

元神戸商船大学学長　原　潔

著者梅木信子さんは、武蔵野の面影を残す日野市で内科開業医として、五十年余にわたって地域医療に貢献された方である。

本書は、太平洋戦争という激動の戦中・戦後、ご自分の少女時代、青春時代、医学生時代そして開業医時代を淡々と振り返りつつ戦争の酷さ、現在社会が抱える高齢化や医療制度の問題、さらには「結婚とは」、「家族とは」と、社会の基盤の在りようについてエッセイ風にまとめられた書である。

はじめて梅木信子さんにお目にかかったのは、神戸商船大学（現・神戸大学海事科学部）の学長に就任して間もない、平成十年頃だったと思う。前学長の故松本吉春先生から、神戸商船大学の前身である神戸高等商船学校の同級生である、故梅木靖之氏（昭和十七年五月機関科卒）の奥様から、大学へカッター（十二人で漕ぐボート）を寄付したいとのお話がある、との連絡をいただいた。

大学としては願ってもないお話なので、さっそく連絡をとってお会いできたのが最初であったと記憶している。

その折、ご自分の人生を振り返りながら、「太平洋戦争で亡くなった夫の遺志をつなぐために、これから海に生きようとしている若者たちを支援したい」という趣旨のお話をされた。

具体的なお話を進めさせていただくうちに、カッターに限らず必要ならば、「海」に係わる教育研究全般へ継続的に学生支援をしたいとのお話をいただいた。その結果、本書の中にも紹介されている「梅木信子奨学会」が設立され、この資金によって、これまで多くの学生への奨学金、国内外での研究発表への支援、学生用施設の整備等に活用されてきている。また梅木さんには、機会があるごとに、学内の集いや学内練習船への乗船などにお誘いして、学生や教職員との交流をしていただいてきた。

こうした「梅木信子奨学会」の活動状況を報告するために、毎年ご自宅をお訪ねした。その折々には、世の中の様々な動きを批判的にコメントされ、いつも学生たちへの熱い期待をお聞きし、梅木さんの考え方に共感する点がとても多かった。

私の年齢は梅木さんとは十歳あまり違うので、戦時中の体験は大きく異なるけれども、本書を読ませていただいて、田舎育ち、一時間を超える通学、思い出に残る先生達、池での水泳など、幼少年時代の楽しい原体験や、大学での研究生活の苦労などいくつかの共通体験のあることを知り、それらのことが梅木さんの生き方、考え方に共感する背景なのかもしれないと感じた。

梅木さんからあらたまって「人生訓」をお聞きしたことはないが、戦死された婚約者とあえて入籍され、赤ひげ医師として地域医療に貢献、さらにはご主人の遺志をおもんばかって、後輩を育てる奨学金を創設されるという「志」の高さ、「一途さ」を支えたのは、東シナ海に眠られるご主人への深い愛であることに強い感銘を受ける。

人生は、それぞれの生きた時代や社会、家庭などによって様々であるからこそ、他の人の生き方を知り、学ぶことに深い意義があると思う。

梅木さんがご自分の人生を素直に振り返られた本書は、私のようにほぼ同時代を過ごしてきた者には、共感と自分の生き方にある種の納得感を与え、若い人達には、これからの生き方に「志」と「一途さ」、さらにこれらを支える「愛」の深さと純粋さが如何に大切かを教えている。

平成二十四年九月二十七日

あとがき

戦争中、遺骨と、英霊と結婚した人は、私一人ではないと思う。あの頃の愛は神聖であり真摯であった。自分を捨て、相手を思いやる。お互いの犠牲になり合う。

こんな愛の姿だったと思う。けれど紆余曲折が世の習い、誠を貫き通せた人は多くはいないであろう。私はそれができた幸せな人間だったと心底思う。

後悔どころか有り難い一生だった。

感謝しながら、彼岸に移り愛する者との再会を待ちの望めるのだから。

日本は、敗戦、そして七年間の占領期間にすっかりアメリカナイズされ、まったく異質の国になってしまった。今も真の独立国ではなく、アメリカの傘下に入って阿諛《あゆ》追従を繰り返しながら、曖昧模糊とした存在である。いずれ近い将来はは中国の傘下に入ることになるかも知れない。
それもまたよいではないか。
古来中国・韓国あっての大和の国だったんだから。
この小さな美しい国が、どんな姿になってもあり続けるよう祈っている。

終わりに、素晴らしい身に余るお言葉をいただいた元神戸商船大学学長原潔先生、私の姪でもある久留米大学教授狩野啓子、そして、とても面倒な出版の労を引き受けて下さった海鳥社社長西俊明氏に、深く感謝申し上げます。

梅木信子

梅木信子（うめき・のぶこ） 大正 9（1920）年 2 月 5 日，大分県臼杵市に生まれる。昭和 12（1923）年 3 月，兵庫県加古川高等女学校卒業。昭和（1950）年 3 月，東京女子医学専門学校（現・東京女子医科大学）卒業。昭和 26 年 3 月，国立大久保病院インターン修了。昭和27年，医師資格取得。この年より浜松聖隷病院，信州大学精神科，東京女子医科大学・三神内科，同生理学教室を経て，医学博士取得。昭和 35 年，東京都日野市に内科・小児科を開業。平成 20 年，閉院し転居，現在に至る。著書に『死は易く生は難く候』（私家版）『歌集　ことは木の愛を誓ひて』（海鳥社刊）がある。

なでしこと君《きみ》に呼《よ》ばれて

■

2012年10月22日　第 1 刷発行

■

著者　梅木　信子

発行者　西　俊明

発行所　有限会社海鳥社

〒810-0072 福岡市中央区長浜 3 丁目 1 番16号

電話092(771)0132　FAX092(771)2546

http://www.kaichosha-f.co.jp

印刷・製本　九州コンピュータ印刷

ISBN 978 - 4 - 87415 - 862 - 3

[定価は表紙カバーに表示]